Kompetenzorientierte
Personalentwicklung

Uwe Schirrmacher

Kompetenzorientierte Personalentwicklung

Wie Sie in 9 Schritten ein individuelles Lernprogramm erstellen

Uwe Schirrmacher
Berg, Deutschland

ISBN 978-3-658-41486-3   ISBN 978-3-658-41487-0 (eBook)
https://doi.org/10.1007/978-3-658-41487-0

Die Deutsche Nationalbibliothek verzeichnet diese Publikation in der Deutschen Nationalbibliografie; detaillierte bibliografische Daten sind im Internet über http://dnb.d-nb.de abrufbar.

Planung/Lektorat: Ann-Kristin Wiegmann
Springer Gabler ist ein Imprint der eingetragenen Gesellschaft Springer Fachmedien Wiesbaden GmbH und ist ein Teil von Springer Nature.
Die Anschrift der Gesellschaft ist: Abraham-Lincoln-Str. 46, 65189 Wiesbaden, Germany

Vorwort

Begriffe wie kompetenzorientiertes oder selbstbestimmtes Lernen, Gamification, personalisierte Weiterbildung usw. stehen seit geraumer Zeit im Fokus des öffentlichen Diskurses, wenn es um die Zukunft des Lernens geht. Doch fragen Sie einmal die Kolleg*innen aus der Personalentwicklung, die täglich den Wandel in der Weiterbildung managen müssen: Wie sehen solche Lösungen in der Praxis aus?

Bei unseren Recherchen zu diesem Buch fanden wir immer wieder gute Ansätze, die zwar punktuell auf kompetenzorientiertes Lernen einzahlen, jedoch nicht die Komplexität der Gesamtthematik erfassen. Diese Lücke zu schließen ist unser Ziel. Im Buch geben wir Unternehmen, Organisationen, Bildungseinrichtungen und öffentlichen Verwaltungen neben praktischen Hilfestellungen einen 9-stufigen Weg an die Hand, der helfen soll, die Kompetenzen der Mitarbeitenden zu identifizieren, einzuschätzen und zu entwickeln. Im Rahmen der Kompetenzeinschätzung widmen wir uns zusätzlich dem Thema „Assessment-Center", welches an die kompetenzorientierte Personalentwicklung thematisch anknüpft.

Um den ganzheitlichen Ansatz abzurunden, wird in der vorliegenden 1. Auflage u. a. auf gehirngerechtes Lernen, auf die Rolle der Lernbegleiter*innen und auf die Zukunft des Lernens „aus der praktischen Brille heraus" eingegangen.

Das Buch ist so aufgebaut, dass wir uns in Kap. 1 zunächst näher mit Kompetenzen befassen, die die Grundlage für kompetenzorientiertes Lernen darstellen. Daraus leiten wir in Kap. 2 die „9 Schritte zur kompetenzorientierten Trainingsentwicklung" ab, die sich an der „Lernzieltaxonomie" nach Benjamin Bloom

orientieren. Diese „9 Schritte zur kompetenzorientierten Trainingsentwicklung"
bilden den eigentlichen Kern des Buches:

- In den ersten drei Schritten führen wir Sie von der kompetenzorientierten
  Bedarfsanalyse, über das Ableiten von Lerninhalten, hin zur kompetenzorientierten Formulierung von Lernzielen entlang der von uns vorgestellten
  Lernzieltaxonomie-Stufen „Kennen", „Verstehen", „Anwenden", „Transferieren" und „Selbstorganisieren", welche von zentraler Bedeutung für das
  kompetenzorientierte Lernen sind.
- Die nächsten drei Schritte befassen sich mit der Analyse Ihrer Zielgruppen
  und deren Lernpräferenzen, Ihrer Rahmenbedingungen sowie der vorhandenen
  oder von Ihnen zu gestaltenden kompetenzorientierten Lernumgebung.
- Mit den drei letzten Schritten widmen wir uns ausführlich der Erstellung
  von kompetenzorientierten Lernbausteinen unter Berücksichtigung geeigneter Lernmedien und Lehrmethoden für die unterschiedlichen Stufen der
  Lernzieltaxonomie. Wir beleuchten weiterhin die zu den unterschiedlichen
  Lernbausteinen passenden Techniken, Instrumente und Verfahren zur Lernzielkontrolle. Abschließend befassen wir uns mit einem zentralen Instrument
  der kompetenzorientierten Trainingsentwicklung und -durchführung, dem
  kompetenzorientierten Lernbaukasten, in dem alle vorangegangenen Schritte
  zusammenlaufen.

In Kap. 3 befassen wir uns mit elementaren Erkenntnissen aus der Lernforschung
zum „gehirngerechten Lernen". Diese Erkenntnisse spielen bei der Ausarbeitung von Lerninhalten zu kompetenzorientierten Lernbausteinen eine so wichtige
Rolle, dass wir uns entschieden haben, ihnen ein eigenes Kapitel zu widmen.
In Kap. 4 gehen wir auf die „Zukunft des Lernens" ein und geben einen Ausblick auf den Einfluss der KI auf das Lernen in den kommenden Jahren und
auf die neue Rolle der Lernbegleiter*innen. In Kap. 5 greifen wir Kompetenzen nochmals auf und zeigen Ihnen Möglichkeiten für ein kompetenzorientiertes
Assessment-Center, welches sowohl digital als auch präsent funktioniert.

Mir bleibt zu danken
Ohne die Ideen und Mithilfe meiner sehr geschätzten Kollegin, Frau Simone Hartung, wäre das Buch in dieser detaillierten Form nicht entstanden. Sie unterstützte
mich insbesondere bei der Entwicklung des Grundkompetenzmodells und bei der
Gestaltung und Durchführung von Assessment Centern mit ihrer jahrelangen Erfahrung in den Bereichen Potenzialdiagnostik und Personalentwicklung. Außerdem
möchte ich mich bei meiner Ehefrau Sibylle Schirrmacher bedanken, die das Buch

inhaltlich und sprachlich redigiert hat. Mithilfe ihrer umfassenden Berufserfahrung in der Redaktionsleitung bei „Welt der Wunder" und der „Schirrmacher GmbH" hat sie einen entscheidenden Anteil am Aufbau des Buches geleistet. Zu guter Letzt möchte ich mich bei Catarina Hutzler bedanken, die mit Emanuel Wittmann zusammen die Grafiken und das Layout des Buches gestaltet hat. Beide sind Inhaber der Werbeagentur „connectics", die Unternehmen kreativ bei Design und Marketing begleiten.

Uwe Schirrmacher

Inhaltsverzeichnis

Über den Autor

Uwe Schirrmacher verfügt über ein Studium der Betriebswirtschaftslehre und den Master of Arts für Personal- und Organisationsentwicklung. Hinzu kommen diverse Aus- und Fortbildungen und eine langjährige Erfahrung in den Bereichen Erwachsenenbildung, Beratung, Coaching, Planspielentwicklung und Kompetenzmanagement. Zwischen den Jahren 1991 und 1996 war er in leitender Funktion im Personalwesen eines Automobilzulieferers tätig, welches 1995 mit dem Unternehmens-Award „Fabrik des Jahres" ausgezeichnet wurde. Anschließend machte er sich als Trainer und Coach selbstständig und gründete die Schirrmacher GmbH, die unter seiner Leitung mehr als 80 Verhaltensplanspiele und Prozess-Simulationen sowie einen großen Fundus an Lernvideos entwickelte. Seit 2023 begleitet Uwe Schirrmacher Unternehmen und Organisationen mit der von ihm mitentwickelten Kompetenzmanagement-Software „novaSkill".

Kompetenzorientiertes Lernen

In diesem Kapitel erfahren Sie ...

- warum Wissen keine Kompetenz ist.
- warum die klassische Personalentwicklung ausgedient hat.
- warum die bisherige digitale Wissensvermittlung in der Sackgasse steckt.
- was wir unter Kompetenzen verstehen.
- welche Bedeutung Grundkompetenzen für kompetenzorientiertes Lernen haben.
- welche Rolle die Operationalisierung bei Kompetenzen spielt.

1.1 Wissen ist keine Kompetenz

Um zu verstehen, worüber wir im Buch sprechen werden, möchten wir mit einem einfachen Beispiel beginnen:

Beispiel

Stellen Sie sich vor, Sie müssen zu einem Geschäftstermin mit einem Flugzeug anreisen. Würden Sie in das Flugzeug einsteigen, wenn Sie wüssten, dass die beiden Piloten bzw. Pilotinnen bestens mit theoretischen Inhalten (Wissen) ausgestattet sind, sie sich mit zahlreichen Gruppenarbeiten in Präsenzseminaren über die Inhalte ausgetauscht haben, jedoch keine praktischen Flugstunden absolvieren mussten, auch nicht im Flugsimulator?

© Der/die Autor(en), exklusiv lizenziert an Springer Fachmedien Wiesbaden GmbH, ein Teil von Springer Nature 2023
U. Schirrmacher, *Kompetenzorientierte Personalentwicklung*,
https://doi.org/10.1007/978-3-658-41487-0_1

Eine Antwort wird sich bei diesem Szenario erübrigen. Kein Mensch stellt bei Pilotinnen und Piloten das Trainieren infrage, welches eine wesentliche Säule zum Erwerb von Kompetenzen darstellt – nicht nur in der Ausbildung, sondern auch bei Weiterbildungen. Auch in Unternehmen und Organisationen werden fachliche Kompetenzen mit immer höherem Budgetaufwand trainiert.◄

Dennoch gibt es auch eine Reihe von Kompetenzen, die wir im späteren Verlauf des Buches als „Grundkompetenzen" bezeichnen, bei denen die Wissensvermittlung immer noch das Maß aller Weiterbildungsmaßnahmen ist. Wie kann es sonst sein, dass z. B. angehende Führungskräfte in Seminaren weiterhin hauptsächlich mit theoretischen Inhalten (Wissen) ausgestattet werden, sich theoretisch in Gruppenarbeiten austauschen und Lösungen zu abstrakten Lerninhalten erarbeiten müssen? Und manchmal gibt es aus dem Kontext gerissene Rollenspiele im Plenum, vor denen sich die meisten Lernenden fürchten.

Sie glauben, das sei übertrieben? Bereits 2014 haben zwei renommierte Wissenschaftler, Rolf Arnold und John Erpenbeck, darauf hingewiesen, dass die traditionelle Wissensvermittlung wenig bringt und nur ein sehr geringer Prozentsatz des so erworbenen Wissens Eingang in das Handeln der Lernenden findet (Arnold & Erpenbeck, 2014).

Schlagworte wie „selbstbestimmtes und individuelles Lernen" machen überall die Runde. Das mag auch grundsätzlich sinnvoll sein, doch woher wissen wir, was wir an Lerninhalten tatsächlich für uns benötigen? Das bisherige Gießkannenprinzip nach dem Motto, „Irgendetwas wird bei den Seminaren schon dabei sein", funktioniert hierbei überhaupt nicht. Lernen verlagert sich immer mehr auf große, digitale Lernplattformen, die mit über 16.000 Kursen das Versprechen abgeben, die Kurse auf die*den Einzelne*n zuzuschneiden. Quizfragen übernehmen dabei die Lernkontrolle. Doch wie unser Pilot*innen-Beispiel zeigt: *„Wissen ist keine Kompetenz"!*

Die Zukunft des Lernens wird nach bisherigen Erkenntnissen dem „kompetenzorientierten Lernen" gehören. Kompetenzorientiertes Lernen ist tatsächlich individuell auf die*den Einzelne*n ausgerichtet und ermöglicht selbstbestimmtes Lernen mithilfe agiler und kreativer Methoden. Eine der Voraussetzungen hierfür ist die Messbarkeit des individuellen Lernbedarfs und eine passgenaue Lernzielkontrolle.

In dem Zusammenhang stellt sich die Frage nach der Rolle der Personalentwicklung, die sich in der Vergangenheit immer wieder rechtfertigen musste, welchen Nutzen sie für eine Organisation überhaupt erbringen kann. Mithilfe der kompetenzorientierten Trainingsentwicklung kommt der Personalentwicklung eine entscheidende Rolle zu. Sie wird verantwortlich sein für:

- Kompetenzmanagement
- Kompetenzmessungen
- Lernpfadermittlung
- Erstellung von individualisierten Lernbausteinen
- Entwicklung eines kompetenzorientierten Lernbaukastens
- Messbarkeit von Trainings anhand von angepassten Lernzielkontrollen
- Strategische Kompetenzausrichtung der Organisation

▶ Um die Neuausrichtung der Personalentwicklung hin zur Kompetenzentwicklung strukturiert zu bewältigen, soll dieses Buch einen wichtigen Beitrag leisten.

1.2 Die klassische Personalentwicklung

Um zu verstehen, warum die klassische Weiterbildung in Zukunft nicht mehr funktionieren wird, schauen wir uns zunächst die klassisch aufgebaute Personalentwicklung genauer an. Dabei sind zwei immer wiederkehrende Vorgehensweisen zur Ermittlung des Weiterbildungsbedarfs zu beobachten.

- *Vorgehensweise 1:* Mitarbeitende können sich im Rahmen des Budgets frei entscheiden, an welchen Weiterbildungsmaßnahmen sie teilnehmen möchten. In größeren Unternehmen sind dies meist interne Angebote über die hauseigene Akademie.
- *Vorgehensweise 2:* Es wird gemeinsam mit der Führungskraft abgesprochen, welche Weiterbildungsmaßnahmen für die Mitarbeitenden infrage kommen. In größeren Unternehmen ist es dann die Aufgabe der Personalentwicklung, daraus Weiterbildungsmaßnahmen abzuleiten. Kleinere Organisationen hingegen schauen sich auf dem Weiterbildungsmarkt um, welche Angebote ggf. für ihre Mitarbeitenden infrage kommen, und buchen dann bei externen Seminaranbietern die notwendigen Seminare.

Fazit

Bei beiden Vorgehensweisen mangelt es häufig an Struktur. Vieles wird rein „aus dem Bauch heraus" entschieden. Wenn wir dann die Weiterbildungen selbst genauer betrachten, fällt auf, dass der Schwerpunkt immer noch auf die Wissensvermittlung gelegt wird.

1.3 Die digitale Wissensvermittlung mithilfe von Lernplattformen

Mit Corona nahm die „digitale Wissensvermittlung" noch weiter Fahrt auf. Auch hier gibt es zwei immer wiederkehrende Ansätze beim Umgang mit Lernplattformen, die ebenfalls ein strukturiertes Vorgehen vermissen lassen.

- *Ansatz 1:* Mitarbeitende buchen auf großen internationalen Lernplattformen die für sie interessanten Lerninhalte. Hierfür hat das Unternehmen oder die Organisation eine Grundsatzvereinbarung mit dem Anbieter der Lernplattform geschlossen. Diese Wissensinhalte sind allgemein gehalten und beziehen sich häufig nicht auf die persönliche Situation der Mitarbeitenden. Der Praxistransfer muss in der Regel durch die Mitarbeitenden selbst durchgeführt werden. Der große Nachteil besteht darin, dass Mitarbeitende erst ein Video bis zum Ende angesehen haben müssen, um dann zu entscheiden, ob das Video überhaupt einen Mehrwert gebracht hat, oder auch nicht. Wenn der Mehrwert jedoch fehlt, ging wertvolle Lernzeit für den Mitarbeitenden verloren, und dieser wird sich zweimal überlegen, ob er nochmals einen weiteren Versuch wagen wird, sich nochmals ein Video anzusehen.
- *Ansatz 2:* Unternehmen und Organisationen betreiben eigene Lernplattformen und bestücken diese mit entweder selbsterstellten Lerninhalten oder kaufen bestehende Lerninhalte von Weiterbildungsanbietern ein. Für die Mitarbeitenden besteht die Möglichkeit, sich die Lerninhalte anzusehen bzw. bei Web Based Trainings (WBTs) zu bearbeiten, und mit einem Zertifikat abzuschließen. Es werden dann für bestimmte Zielgruppen, z. B. Verkäufer*innen, allgemeine Lernpfade erstellt, die alle gleichermaßen durchlaufen müssen, ohne hierbei die spezifischen Kompetenzen der Einzelnen zu berücksichtigen.

Doch was folgt nun daraus?

Einerseits fördern wir damit das Gießkannenprinzip („irgendetwas wird schon dabei sein und passen"), andererseits bauen wir immer weiter eine Wissensgesellschaft auf, die sich immer schwerer tut, das Wissen in kompetenzorientiertes Handeln umzuwandeln.

Hinzu kommt, dass über das Internet „Wissen" in unendlicher Fülle zur Verfügung steht – allerdings vollkommen ungefiltert. Mit dieser Tatsache tut sich ein massives Problem auf: Die Lernenden sind mittlerweile kaum noch in der Lage zu beurteilen, was davon inhaltlich richtig ist und was nicht. Und wer aus der Personalentwicklung ist denn noch zeitlich in der Lage, die Qualität einzelner Lerninhalte auf internationalen Lernplattformen zu prüfen? Die Folge ist eine stetig wachsende Überforderung bei den Lernenden.

Die gute Nachricht ist, dass immer mehr Personalentwicklungen diese Sackgasse erkannt haben und sich daher neu ausrichten. Etwas zu kritisieren ist immer einfach. Daher haben wir uns zum Ziel gesetzt, Ihnen umsetzbare Lösungen an die Hand zu geben, die das komplette Mindset bisheriger Personalentwicklungsarbeit in Richtung kompetenzorientierte Personalentwicklung verändern wird. Um diesen Weg gehen zu können, bedarf es zunächst einige grundlegenden Begriffsklärungen.

1.4   Im Dschungel der Begriffe

Wissen Sie, was der Unterschied zwischen Persönlichkeitseigenschaften, Fähigkeiten, Fertigkeiten, Qualifikationen und Kompetenzen ist? Es gibt ein Durcheinander an Begriffen, die oft synonym oder falsch verwendet werden. Dabei haben sie ganz unterschiedliche Bedeutungen.

Auf den Kompetenzbegriff gehen wir später genauer ein, weil ihm in unserem Kontext die größte Bedeutung zukommt. Befassen wir uns zunächst mit denjenigen Begriffen, die oft fälschlich synonym für Kompetenzen verwendet werden.

Was sind Persönlichkeitseigenschaften?

Das Hauptmerkmal von Persönlichkeitseigenschaften liegt in deren geringer Veränderbarkeit. Persönlichkeitseigenschaften – auch Persönlichkeitsmerkmale genannt – entstehen durch Prägung und Veranlagung eines Individuums und lassen sich kaum verändern. Sie können weder erlernt noch trainiert werden.

Was sind Fähigkeiten?

Von Fähigkeit sprechen wir, wenn ein Mensch in der Lage ist, eine Handlung auszuführen oder etwas zu tun. Hierbei können Fähigkeiten sowohl angeboren sein als auch durch Lernen und Sammeln von Erfahrungen erworben werden. Fähigkeiten können sich durchaus verändern (auch willentlich), allerdings meist nur mit gezieltem Training und eher langfristig. Auch eine besondere Motivation dafür ist notwendig. Eine Fähigkeit ist die Voraussetzung zum Erwerben einer Fertigkeit.

Was sind Fertigkeiten?

„Fertigkeit" bezeichnet die durch Übung realisierte Umsetzung einer Fähigkeit. Fertigkeit meint also etwas Erlerntes bzw. die Anwendung von Kenntnissen in einer bestimmten Situation. Mit gewissem Aufwand lassen sich Fähigkeiten in Fertigkeiten verwandeln. Je größer die vorhandene Fähigkeit, desto geringer ist dabei der Aufwand.

Was sind Qualifikationen?

Bleiben noch die „Qualifikationen". Darunter versteht man durch formale Abschlüsse nachweisbare Kenntnisse und Fertigkeiten. Qualifikationen sind leicht zu greifen und nachprüfbar und deshalb vor allem bei der Bewerberauswahl beliebt. Sie helfen Unternehmen bei der Bewältigung komplexer und neuer Anforderungen allerdings nicht unbedingt weiter. Schauen wir uns nun die Kompetenzen näher an.

1.5   Warum wir von Kompetenzen sprechen

Wie definieren wir Kompetenzen?

Zunächst ist interessant, dass es keinen einheitlich definierten Kompetenzbegriff gibt. Oft werden Wissen, Fertigkeiten oder Fähigkeiten als „Kompetenzen" bezeichnet. Diese sind jedoch lediglich eine Grundlage für Kompetenzen: Kompetenzen ermöglichen, Fähigkeiten, Fertigkeiten und erworbenes Wissen in künftige Situationen kreativ einzubringen und werden somit in Handlungen sichtbar.

Dazu kommt, dass unser Handeln – je nach Alter – auf Erfahrungen, Wissen, Ratio und Intuition zurückgreift. Der Psychologe und Nobelpreisträger für Wirtschaft Daniel Kahnemann zeigt in seinen Studien, nach welchen zwei Denkmustern unser Gehirn funktioniert, wie kognitive Verzerrungen unsere Entscheidungen und unser Handeln beeinflussen und wie wir uns dagegen wehren können. Er beschreibt in seinem Buch „Schnelles Denken, langsames Denken" zwei Systeme: *System 1* beschreibt den Teil unseres Gehirns, welches intuitiv und schnell arbeitet, bei dem die bewusste Steuerung oft ausgeschaltet wird. *System 2* kommt immer dann zum Einsatz, wenn wir bewusst nachdenken und daraus beispielsweise bewusste Handlungen wie Selbstkontrolle oder rationale Entscheidungen ableiten. Kahnemann hat in vielen wissenschaftlichen Studien festgestellt, dass wir uns in einer Vielzahl von Fällen emotional statt rational leiten lassen. Dies hat oft zur Folge, dass wir falsche Entscheidungen treffen bzw. dazu neigen falsch zu handeln (Kahnemann, 2012). Diese Erkenntnisse gilt es beim Kompetenzbegriff mitzuberücksichtigen. Wenn wir uns mit den Aussagen Kahnemanns in seinem Buch näher beschäftigen, kommen zwei weitere Aspekte hinzu, die unser Handeln und unsere zwei „Systeme" beeinflussen, nämlich Wissen und Erfahrungen.

Bei unseren Recherchen zu einer adäquaten Kompetenzdefinition stießen wir immer wieder auf die Erkenntnisse von Prof. Dr. John Erpenbeck und Prof. Dr. Werner Sauter (2013). Sie betrachten Kompetenzen als Fähigkeiten kreativ und selbstorganisiert zu handeln (Selbstorganisationsdisposition). Dabei findet das „Handeln" in offenen, unüberschaubaren, komplexen, dynamischen und zuweilen chaotischen Situationen statt.

Wir haben unsere Kompetenzdefinition an die Definition von Prof. Dr. John Erpenbeck und Prof. Dr. Werner Sauter (2013) angelehnt sowie einzelne Erkenntnisse von Daniel Kahnemann (2012) mitberücksichtigt.

▶ **Kompetenzen** Unter Kompetenzen verstehen wir die Fähigkeit, in komplexen und dynamischen Situationen auf Basis von Erfahrungen, Wissen, Ratio und Intuition kreativ und selbstorganisiert zu handeln.

Warum ist das besonders wichtig?
Erpenbeck und Heyse beschäftigen sich seit den 90er-Jahren mit dem Thema Kompetenz und haben damit die Zukunft schon vorweggenommen. Die anhaltende Dynamisierung und Globalisierung der Arbeitswelt stellt immer höhere Anforderungen an die Mitarbeitenden. Disruption ist die neue Normalität. Bisherige Erfahrungen, bewährte Methoden und angesammeltes Wissen helfen da nicht weiter. Heute sind Anpassungsleistungen gefordert, um die komplexen und vielfältigen Anforderungen in Unternehmen zu bewältigen.

Warum sind im Umgang mit Komplexität und Dynamik Kompetenzen gefragt?
Gelerntes Wissen veraltet rasch und ist wenig hilfreich, um kreativ neue Wege zu finden. Gleichzeitig ist Wissen heute fast unbeschränkt zugänglich und auch nicht immer hilfreich, um aktuelle Probleme zu lösen. Das entwertet die frühere Macht und die Bedeutung des Wissens. Was stattdessen zählt, sind Kompetenzen.

Warum sind Kompetenzen zukunftsrelevant?

Kompetente Menschen können auf der Basis von Wissen, Fertigkeiten und Fähigkeiten Probleme in verschiedenen und auch in neuen Situationen praktisch lösen. (Weiter-)Bildung allein reicht nicht mehr, Unternehmen müssen die Kompetenzen ihrer Mitarbeitenden stärken und trainieren. Die Tatsache, dass Kompetenzen erlernbar sind, erklärt, warum sie das entscheidendere Erfolgskriterium sind.

▶   Um im „War of Talents" zu bestehen, erfordert es einen klaren Kompetenzfokus.

1.6 Grundkompetenzen, Fachkompetenzen und funktionsspezifische Kompetenzen

Mitarbeitende müssen heute in Unternehmen verschiedene Kompetenzen mitbringen, um erfolgreich ihre Tätigkeiten ausüben zu können. Neben allgemein erforderlichen Grundkompetenzen, sind je nach Funktion und Aufgabe auch spezifische Kompetenzen erforderlich. Wenn wir über Kompetenzen sprechen, unterscheiden wir daher zunächst zwischen Grund-, Fach- und funktionsspezifischen Kompetenzen.

Es gibt weitere Unterscheidungsmöglichkeiten für Kompetenzeinteilungen, die in der Literatur beschrieben werden. Aus unserer Sicht sorgt das nicht unbedingt für ein besseres Verständnis oder für mehr Klarheit. Wir versuchen mit unserer einfachen und nachvollziehbaren Unterscheidung die Komplexität zu reduzieren.

Was sind Grundkompetenzen?

Unter Grundkompetenzen verstehen wir die persönlichen Fähigkeiten, die unabhängig von der Tätigkeit, berufs- und fachunabhängig von jeder und jedem Einzelnen erforderlich sind, um in grundlegenden Situationen kreativ und selbstorganisiert zu handeln. Die Grundkompetenzen stellen die Basis dar, die jede Organisation und jedes Unternehmen benötigt, unabhängig von Branche, Größe und Struktur. Ein wichtiges Merkmal von Grundkompetenzen ist, dass diese eher stetig sind und sich nur im Laufe der Zeit kaum oder nur rudimentär verändern.

Beispiel Grundkompetenzen

Ein Beispiel für eine Grundkompetenz ist „Teamfähigkeit". Denn die Notwendigkeit und Haltung zur Teamarbeit bildet die Basis für kollaborative

Kompetenzen aller Art – egal, in welcher Branche, welcher Funktion oder welchem Unternehmen. ◄

Was sind Fachkompetenzen?

Fachkompetenzen beziehen sich spezifischer auf die fachlichen Tätigkeiten und Funktionen von Mitarbeitenden. Hierbei geht es um die Fähigkeit fachspezifische Aufgaben selbständig und erfolgreich eigenverantwortlich zu bewältigen und dabei kreativ und selbstorganisiert zu handeln. Im Gegensatz zu Grundkompetenzen unterliegen Fachkompetenzen einem raschen Wandel und ständigen Anpassungen.

Beispiel Fachkompetenzen

Ein Beispiel für Fachkompetenzen sind vertriebliche Kompetenzen. Hierbei spielt u. a. die Leistungs-/Ergebnisorientierung eine wichtige Rolle, bei der es darauf ankommt, dass auf konkrete Lösungen und messbare Verkaufsergebnisse hingearbeitet wird. Zusätzlich ist es von enormer Bedeutung, dass der Vertrieb nicht nur alle Verkaufsprodukte kennt, sondern dieser auch in der Lage ist die Produkte fehlerfrei zu erklären und den Nutzen herauszustellen. ◄

Was sind funktionsspezifische Kompetenzen?

Funktionsspezifische Kompetenzen sind Fähigkeiten funktionsübergreifende Aufgaben und Sachverhalte selbständig und erfolgreich eigenverantwortlich zu bewältigen und dabei kreativ und selbstorganisiert zu handeln. Während Fachkompetenzen sich auf fachspezifische Tätigkeiten fokussieren, kommen funktionsspezifische Kompetenzen fachübergreifend vor. Ein typisches Beispiel hierfür sind Führungskompetenzen. Je nach Funktionsanforderung, sind teilweise sehr unterschiedliche Fach- oder Grundkompetenzen bei Ihren Mitarbeitenden erforderlich. Für eine kompetenzorientierte Trainingsentwicklung ist es daher wichtig, die verschiedenen Funktionen einzeln zu betrachten und zu bestimmen, welche spezifischen Grund- und Fachkompetenzen in der jeweiligen Funktion erforderlich sind.

Beispiel funktionsspezifische Kompetenzen

Ein Beispiel für funktionsspezifische Kompetenzen sind Führungskompetenzen. Hierzu zählt beispielsweise die Gesprächskompetenz im Mitarbeitendengespräch. Diese Gesprächskompetenz ist grundsätzlich an die Person mit Führungsverantwortung gebunden, unabhängig von der fachlichen Ausrichtung der Führungskraft. ◄

Was ist mit Mischformen?

Es gibt aber auch zahlreiche Mischformen aus Grund-, Fach- und/oder funktionsspezifischen Kompetenzen. Um solche Mischformen zu trainieren, ist es wichtig, zunächst die einzelnen Komponenten zu identifizieren und separat zu betrachten.

Beispiel Mischformen

Ein Beispiel hierfür sind so genannte „kollaborative Kompetenzen", wie die „kollaborative Zusammenarbeit in agilen Teams" oder „kooperatives Lernen auf Distanz". Gemeint sind damit in der Regel Formen der Online-Zusammenarbeit mithilfe von Computern.

Zwar wird auch hier in der Personalentwicklung oft von Kompetenzen gesprochen, die trainiert werden sollen. Tatsächlich setzen sich diese aber aus unterschiedlichen Komponenten zusammen – in unserem Beispiel aus der Grundkompetenz „Teamfähigkeit" und der Fachkompetenz „digitale Kompetenz", bzw. deren Teilkompetenzen.

Denn die Notwendigkeit und Haltung zur Teamarbeit bildet die Basis für kollaborative Kompetenzen aller Art. Es werden dabei lediglich unterschiedliche Werkzeuge, wie beispielsweise „digitale Tools", eingesetzt. Diese Werkzeuge werden den Fachkompetenzen zugeordnet, da diese sich im Laufe der Zeit möglicherweise wieder verändern werden.◄

1.7 Grundkompetenzen: Das Kopf-, Herz- und Handprinzip

Während Fachkompetenzen, wie oben erwähnt, einem ständigen Wandel unterworfen sind und sich in zahlreiche Komponenten verästeln, zeichnen sich Grundkompetenzen durch eine hohe Beständigkeit und eine überschaubare Anzahl von Einzelkompetenzen aus. Darüber hinaus sind sie die Basis für die Arbeit in Unternehmen und Organisationen aller Art und in aller Welt und bilden damit eine universelle Kompetenzgrundlage mit hoher Relevanz für jeden berufstätigen Menschen. Dies ist der Grund, warum wir uns in diesem Buch im Wesentlichen auf die Entwicklung der Grundkompetenzen fokussieren. Die folgenden Grundlagen entstammen u. a. aus der langjährigen Arbeit und Erfahrungen der Dipl. Psychologin Simone Hartung, die mit ihrem Team erfolgreich im Rahmen von Assessment Center und Development Center individuelle Standortbestimmungen für Mitarbeitenden durchführt. In Anlehnung an das von ihr entwickelte Grundkompetenzmodell haben wir das Grundkompetenzmodell an die kompetenzorientierte Trainingsentwicklung angepasst.

Was ist das Kopf-, Herz- und Handprinzip?

Wir beziehen uns bei den Grundkompetenzen auf das „Kopf-, Herz- und Handprinzip" von Johann Heinrich Pestalozzi (1746–1827). Dieser international bekannte deutschsprachige Pädagoge hat früh erkannt, dass Denken, Gefühle und Handeln die Grundelemente für das Lernen sind. Heute steht diese Einheit von Kopf, Herz und Hand immer noch im Zentrum der ganzheitlichen Bildung.

Wofür stehen Kopf, Herz und Hand?

Der „Kopf" steht nach Pestalozzi für den kognitiven, intellektuellen Aspekt. Das „Herz" deckt den emotionalen Bereich ab, während die „Hand" für die praktische Umsetzung steht.

Auch die neuen Erkenntnisse aus der Hirn- und Lernforschung bestätigen diesen ganzheitlichen Ansatz (Saalfrank, 2012). Pestalozzi bietet mit „Kopf, Herz und Hand" auch heute noch ein gutes Raster für die Kategorisierung der Grundkompetenzen. Diese Grundkompetenzen werden von allen Mitarbeitenden, unabhängig von ihren individuellen Tätigkeiten, benötigt, um selbstorganisiert handeln zu können.

1.8 Das Kopf-, Herz-, Hand-Prinzip als Basis für einen Grundkompetenz-Katalog

Für die Inventur der Kompetenzen Ihrer Mitarbeitenden (oder Ihrer eigenen Kompetenzen) ist zunächst eine Standortbestimmung auf der Basis der Grundkompetenzen erforderlich.

Natürlich lassen sich Kompetenzen beliebig kategorisieren und differenzieren. Uns war es jedoch wichtig, ein fundiertes Prinzip (Kopf, Herz und Hand nach Pestalozzi) als Grundlage zu verwenden und damit einen relevanten Rahmen für die Kompetenzen zu erfassen.

Gleichzeitig sollte der Umfang an Einzelkompetenzen begrenzt bleiben, um die Handhabbarkeit in der Praxis der Beurteilung und des Trainings sicherzustellen.

Unsere Lösung ist ein Katalog mit insgesamt 10 Grundkompetenzen aus den Bereichen Kopf, Herz und Hand:

Katalog der Grundkompetenzen
Sachqualität (KOPF)

- Analytisches Denken
- Selbstmanagement
- Lern-/Selbstreflexionskompetenz

Soziale und persönliche Kompetenz (HERZ)

- Kommunikative Kompetenz
- Kontaktfreude/Begeisterungskraft
- Teamkompetenz
- Konfliktkompetenz

Einfluss (HAND)

- Initiative/Entschlusskraft
- Überzeugungskraft/Durchsetzungsvermögen
- Selbstvertrauen/Belastbarkeit

Bei diesem Kompetenzkatalog wurde darauf geachtet, relevante und vor allem auch trennscharfe Kriterien auszuwählen. In der Praxis begegnet man häufig Kompetenzsammlungen mit Überschneidungen bzw. unzureichender Abgrenzung.

Außerdem war die Zielsetzung, eine ausreichende Differenzierung, dabei aber einen praktikablen Umfang an Einzelkriterien zu erreichen. Wer schon einmal mit endlosen Beurteilungsbögen gearbeitet hat, weiß: In der Praxis kann man nur einen begrenzten Rahmen an Kompetenzen gleichzeitig in einer Situation bewerten.

Wie werden Kompetenzen sinnvoll in Teilkompetenzen aufgeschlüsselt?
Für alle Kompetenzen haben wir darüber hinaus Operationalisierungen, also „Messbarmachungen" in Form von Verhaltensbeschreibungen hinterlegt, die verschiedene Teilkompetenzen der Grundkompetenzen beschreiben. Dadurch erreichen wir ein einheitliches Verständnis der Kompetenzen und eine objektivierbare Basis für die Beurteilung. Dies ist die Grundlage für eine valide Beurteilung der jeweiligen Ausprägung in der Selbst- bzw. Fremdeinschätzung.

Beispiel „Kommunikative Kompetenz"

Zu der Grundkompetenz „Kommunikative Kompetenz" aus der Kategorie „Soziale und persönliche Kompetenz (Herz)" wurden 6 Teilkompetenzen in Form von Verhaltensbeschreibungen (Operationalisierungen) hinterlegt:

Soziale und persönliche Kompetenz (HERZ)
Kommunikative Kompetenz

- Ausdrucksweise ist klar, gewandt und flüssig
- Stimmlicher Ausdruck angemessen (Lautstärke, Sprechtempo, Akzente)
- Angemessene nonverbale Kommunikation (Körpersprache)
- Pflegt einen ruhigen, verbindlichen, freundlichen Ton
- Kann aktiv zuhören, lässt andere ausreden◄

Warum ist die Operationalisierung von Kompetenzen so wichtig?
Die Operationalisierung der aktuellen Ausprägung der Kompetenzen ist die Ausgangsbasis für eine optimierte Weiterbildung, in der wir nicht mit der Gießkanne Weiterbildung verteilen, sondern Mitarbeitende bedarfsgerecht und gezielt fördern.

Eine wiederholte Messung ermöglicht außerdem den Vergleich des aktuellen Kompetenzstatus mit dem erreichten Kompetenzstatus nach den entsprechenden Weiterbildungsmaßnahmen. Es gibt also eine Erfolgskontrolle und damit auch eine Validierung der Wirksamkeit des Trainings oder anderer Maßnahmen zur Weiterentwicklung.

Für die jeweiligen Mitarbeitenden ist die Messung des erreichten Lernerfolgs motivierend. Was habe ich erreicht, was hat sich verändert? Für das Unternehmen liefert die Messwiederholung eine Evaluation der Wirksamkeit der Personalentwicklungs-Maßnahmen und eine neue Ausgangsbasis für die Planung der nächsten Entwicklungs- und Karriereschritte.

Welche Kriterien liegen der Auswahl der Grundkompetenzen zugrunde?
Neben grundlegenden Kompetenzen, wie Initiative, analytisches Denken oder Kommunikation, wurden in unseren Katalog der Grundkompetenzen auch aktuelle Kompetenzanforderungen, wie Lern- oder Selbstreflexionskompetenz, integriert.

Hier eine Übersicht über alle von uns zusammengestellten Grundkompetenzen:

- Kommunikative Kompetenz
- Kontaktfreude/Begeisterungskraft
- Teamkompetenz

- Konfliktkompetenz
- Analytisches Denken
- Selbstmanagement
- Lern-/Selbstreflexionskompetenz
- Initiative/Entschlusskraft
- Überzeugungskraft/Durchsetzungsvermögen
- Selbstvertrauen/Belastbarkeit

Lebenslanges Lernen, die dazugehörige Lernbereitschaft sowie die Kompetenz zur Selbstreflexion sind in Zeiten des digitalen Wandels bedeutende Kernkompetenzen. Auch die Konfliktkompetenz im Sinne einer positiven Konflikt- und Fehlerkultur ist ein aktueller Trend und Bestandteil innovativer Unternehmenskulturen und somit Bestandteil unseres Kompetenzkatalogs.

Den von uns entwickelten Katalog der Grundkompetenzen stellt lediglich eine Praxisempfehlung dar und ist selbstverständlich erweiterbar oder veränderbar. Darüber hinaus empfehlen wir, individuelle funktionsspezifische Kompetenzkataloge, sowie Fachkompetenzen für Ihr Unternehmen bzw. Ihre Organisation zu erstellen oder Bestehende zu nutzen (s. Abschn. 2.1.1.1).

Literatur

Arnold, R. & Erpenbeck, J. (2014). *Wissen ist keine Kompetenz. Dialoge zur Kompetenzreifung.* (Grundlagen der Berufs- und Erwachsenenbildung. 77). Schneider Hohengehren
Erpenbeck, J., et al. (2007). *Handbuch Kompetenzmessung* (2. Aufl.). Schäffer-Poeschel.
Erpenbeck, J., & Sauter, W. (2013). *So werden wir lernen! Kompetenzentwicklung in einer Welt fühlender Computer, kluger Wolken und sinnsuchender Netze.* Springer Gabler.
Kahnemann, D. (2012). *Schnelles Denken, Langsames Denken* (19. Aufl.). Penguin Random House.
Saalfrank, U. (2012). Interview mit Prof. Dr. Spitzer. https://www.fitz-rosenheim.de/filead min/Redaktion/Import/Dokumente/INT-Prof._Spitzer-Interv.pdf

Die 9 Schritte zur kompetenzorientierten Trainingsentwicklung

2

In diesem Kapitel erfahren Sie …

- welche 9 Schritte Sie durchführen sollten, um eine kompetenzorientierte Trainingsentwicklung in der Praxis zu etablieren.
- wie Sie eine kompetenzorientierte Bedarfsanalyse durchführen.
- wie Sie den Kompetenzbedarf im Unternehmen ermitteln.
- wie kompetenzorientierte Lerninhalte bestimmt werden.
- welche Lernziele wann und wie formuliert werden sollten.
- wie eine kompetenzorientierte Zielgruppenanalyse durchgeführt wird.
- warum Rahmenbedingungen geklärt werden sollen.
- wie eine Lernumgebung kompetenzorientiert analysiert und gestaltet wird.
- wie Lernbausteine kompetenzorientiert erstellt werden.
- wie man eine kompetenzorientierte Lernzielkontrolle entwirft.
- wie Sie einen kompetenzorientierten Lernbaukasten anlegen.

Wie etabliere ich eine kompetenzorientierte Trainingsentwicklung in meinem Unternehmen bzw. meiner Organisation? In diesem Kapitel wollen wir Sie Schritt für Schritt auf diesem Weg begleiten. Hierfür sind aus unserer Sicht neun Einzelschritte nötig, welche mit verschiedenen Aufgaben verbunden sind. Hier zunächst die 9 Schritte im Überblick:

© Der/die Autor(en), exklusiv lizenziert an Springer Fachmedien Wiesbaden GmbH, ein Teil von Springer Nature 2023
U. Schirrmacher, *Kompetenzorientierte Personalentwicklung*,
https://doi.org/10.1007/978-3-658-41487-0_2

Die 9 Schritte der kompetenzorientierten Trainingsentwicklung

1. Bedarfsanalyse durchführen
2. Lerninhalte bestimmen
3. Lernziele formulieren
4. Zielgruppen analysieren
5. Rahmenbedingungen klären
6. Lernumgebung analysieren und gestalten
7. Lernbausteine erstellen
8. Lernzielkontrolle entwerfen
9. Lernbaukasten anlegen

In den folgenden Unterkapiteln 2.1 bis 2.9 gehen wir auf jeden dieser 9 Schritte ausführlich ein.

2.1   Bedarfsanalyse durchführen

Am Anfang der kompetenzorientierten Bedarfsanalyse steht immer die Frage nach dem Weiterbildungsbedarf, das heißt, bei welchen Kompetenzen besteht überhaupt Handlungsbedarf. Trivial? Ganz und gar nicht.

Im folgenden Kapitel befassen wir uns mit verschiedenen Ansätzen und Methoden, über die Sie zu aussagekräftigen und zu Ihren Fortbildungszielen passenden Bedarfsanalyse gelangen.

2.1.1   Ermittlung des Kompetenzbedarfs im Unternehmen

Wissen Sie, welche Gesamtkompetenzen Ihr Unternehmen bzw. Ihre Organisation heute und in zehn Jahren benötigt, um erfolgreich am Markt zu agieren? Sie benötigen diesen Gesamtüberblick zum einen, um die richtigen Mitarbeitenden von außen zu finden, und zum anderen, um Ihre Mitarbeitenden zukunftsorientiert weiterzubilden. Sowohl der operative als auch der strategische Gesamtkompetenzbedarf spielt bei der Zukunftssicherung von Unternehmen und Organisationen eine zunehmend entscheidende Rolle.

Die von einer Organisation bzw. einem Unternehmen benötigten Kompetenzen werden als „Soll-Kompetenzen" bezeichnet. Die von den Mitarbeitenden vorhandenen Kompetenzen werden als „Ist-Kompetenzen" bezeichnet. Schauen wir uns zunächst den operativen (kurzfristigen) Gesamtkompetenzbedarf an.

2.1.1.1 Ermittlung des operativen Gesamtkompetenzbedarfs

Der operative Gesamtkompetenzbedarf bezieht sich auf den heutigen Bedarf und die kommenden 1–2 Jahre. Für die Ermittlung des operativen Gesamtkompetenzbedarfs gehen Sie folgendermaßen vor:

1. *Ermittlung des Gesamt-Soll-Kompetenzbedarfs:* Zunächst gilt es zu klären und aufzulisten, welche Kompetenzen in Ihrer Organisation oder Ihrem Unternehmen als Ganzes benötigt werden. Wir sprechen in diesem Zusammenhang von „Gesamt-Soll-Kompetenzen". Hinterlegen Sie zu allen in Ihrem unternehmensspezifischen Kompetenzkatalog gelisteten Kompetenzen die wichtigsten Teilkompetenzen als Operationalisierungen.
2. *Erstellung von fachspezifischen Soll-Kompetenzlisten:* Anschließend werden die Gesamt-Soll-Kompetenzen und die zugehörigen Teilkompetenzen auf die jeweiligen Tätigkeiten bzw. Aufgaben der einzelnen Stellen heruntergebrochen. Aus Teilmengen der Gesamt-Soll-Kompetenz-Liste entstehen so verschiedene Listen aus „fachspezifischen Soll-Kompetenzen".
3. *Erstellung von funktionsspezifischen Soll-Kompetenzlisten:* Abschließend werden die funktionsspezifischen Kompetenzlisten (z. B. Führungskompetenzen) erstellt und den jeweiligen Funktionen zugeordnet.

Alle Kompetenzlisten werden in der Regel von der Personal- und Organisationsentwicklung in Verbindung mit den Fachabteilungen erstellt.

▶ **Unser Praxistipp**

- Achten Sie bei der Erstellung der Gesamt-Soll-Kompetenzliste zunächst darauf, dass Sie Grund- und Fachkompetenzen klar voneinander trennen, um diese später gezielt trainieren zu können:
  - Da die Grundkompetenzen von nahezu allen Mitarbeitenden benötigt werden, können Sie davon ausgehen, dass Ihre Grundkompetenzen unternehmensweit zum Einsatz kommen. Das hilft bei der Komplexitätsreduktion und bei der kompetenzorientierten Personalentwicklung.

- Bei den Fachkompetenzen hingegen kommt es i. d. R. zu Unterschieden zwischen den einzelnen Funktionen. Daher werden die Fachkompetenzen auf die Grundkompetenzen gestellt und anschließend den Fachbereichen zugeordnet.
- Die funktionsspezifischen Kompetenzen werden entsprechend den Fachkompetenzen auf die Grundkompetenzen gestellt und anschließend den entsprechenden Funktionen zugeordnet. Somit entsteht jetzt einen „Kompetenzbaukasten", der Ihnen einen sehr guten Überblick über vorhandene und benötigte Kompetenzen verschafft.

• Denken Sie daran, dass alle Kompetenzen messbar sind! Spezifizieren Sie hierfür die von Ihnen gelisteten Kompetenzen, indem Sie diesen konkrete, messbare Teilkompetenzen zuordnen (s. Abschn. 1.8)

• Verwechseln Sie Kompetenzen nicht mit Persönlichkeitsmerkmalen, die gar nicht oder kaum veränderbar sind. Kompetenzen hingegen sind erlernbar und veränderbar.

• Verwechseln Sie Kompetenzen auch nicht mit Wissen, Fertigkeiten und Fähigkeiten. Diese sind die Basis für Kompetenzen und zahlen darauf ein.

2.1.1.2 Strategischer Gesamtkompetenzbedarf

Beim strategischen Gesamtkompetenzbedarf geht es um Kompetenzen, die langfristig benötigt werden. Diese werden aus den Unternehmenszielen abgeleitet und in die Unternehmensstrategie integriert. Der Kompetenzbedarf orientiert sich hierbei an den strategischen Unternehmenszielen.

Sie können nach heutigem Ermessen nicht mehr davon ausgehen, dass Sie die benötigten Kompetenzen auf dem freien Markt einfach zukaufen können. Der Markt für Fachkräfte ist seit einiger Zeit leergefegt. Dieser Zustand wird sich in Zukunft noch weiter verschärfen, wenn Sie sich nur die Alterspyramide anschauen. Es drängen immer weniger junge Menschen in den Arbeitsmarkt, die den zukünftigen Gesamtbedarf an Fachkräften abdecken können.

Wie kann ich einem zukünftigen Fachkräftemangel aktiv vorbeugen?
Um innerhalb Ihres Unternehmens den Kompetenzbedarf langfristig zu decken, bedarf es zweier grundsätzlicher Voraussetzungen:

a. Mitarbeitende müssen konsequent „kompetenzorientiert" weiterentwickelt werden.
b. Die entwickelten Mitarbeitenden müssen langfristig im Unternehmen gehalten werden.

▶ **Unser Praxistipp**

- Erstellen Sie – abgeleitet aus den strategischen Unternehmenszielen – eine strategische Gesamt-Soll-Kompetenzliste.
- Die zentrale Fragestellung hierfür lautet: Welche Kompetenzen werden in 10 Jahren benötigt, um das Unternehmen bzw. die Organisation erfolgreich am Markt zu gestalten?
- Die strategische Gesamtkompetenzliste sollte zunächst grob formuliert werden, d. h. es werden nur Headlines beschrieben, da die fachlichen Kompetenzen heute noch nicht exakt benannt werden können.
- Erstellen Sie anschließend einen Stufenplan (in 2-Jahresschritten), aus dem hervorgeht, welche Kompetenzen, wann innerhalb der 10 Jahre benötigt werden.

Vermutlich werden sich die Grundkompetenzen nur unwesentlich verändern. Ganz anders sieht es bei den Fachkompetenzen aus! Die benötigten Fachkompetenzen orientieren sich an der beschleunigten Digitalisierung, an neuen Technologien und letztendlich auch an Trendbrüchen, die wir bisher noch nicht kennen.

Beispiel strategische Fachkompetenzen

In der Automobilindustrie werden die bisherigen Antriebstechnologien mit sehr hoher Wahrscheinlichkeit vollständig durch neue, andersartige Antriebstechnologien ersetzt. Künstliche Intelligenz (KI) wird u. a. in der Produktion eine zentrale Rolle spielen. Wenn wir bereits wissen, was auf uns fachlich zukommen wird, müssen heute die Weichen für die strategische Personal- und Organisationsentwicklung gestellt werden. Von welcher zentralen Bedeutung das sein wird, haben wir in der Vergangenheit bereits schmerzhaft in Deutschland miterleben müssen. Die deutsche Wirtschaft hat ganze Branchen, wie beispielsweise die Entwicklung von digitalen Kameras, Fernsehern, etc. an Asien verloren. Konkret bedeutet dies, dass KI-Programmierung in Zukunft eine wesentliche Fachkompetenz sein wird, die heute bereits strategisch in der Personalentwicklung mitberücksichtigt werden sollte.◄

In diesem Buch befassen wir uns zunächst mit dem operativen Ansatz und kommen am Ende des Buches auf die strategische und zukunftsorientierte Ausrichtung der Personalentwicklung zu sprechen.

2.1.2 Ermittlung des individuellen Weiterbildungsbedarfs

Die Grundlage zur Ermittlung des individuellen Weiterbildungsbedarfs Ihrer Mitarbeitenden ergibt sich aus den in Abschn. 2.1.1.1 beschriebenen unternehmensspezifischen Soll-Anforderungen, die an eine*n Mitarbeitende*n gestellt werden.

Für die Ermittlung des individuellen Weiterbildungsbedarfs gibt es unterschiedliche Herangehensweisen. Zwei davon stellen wir Ihnen im Folgenden vor:

2.1.2.1 Schwächenorientierter Ansatz

Beim schwächenorientierten Ansatz lautet das Motto: *„Schwächen schwächen".*

Beim schwächenorientierten Ansatz wird eine Soll-Ist-Analyse bei dem*der Mitarbeitenden durchgeführt. Hier wird zunächst definiert, welche Kompetenzen die Tätigkeit bzw. Aufgabe des*der Mitarbeitenden verlangt (s. Abschn. 2.1.1).

Anschließend wird gemessen, welche Kompetenzen der*die Mitarbeitende tatsächlich für diese Tätigkeit bzw. Aufgabe mitbringt (Ist-Kompetenz). Ist die Ist-Kompetenz niedriger als die Soll-Kompetenz, so leitet sich daraus ein Weiterbildungsbedarf bei dem*der Mitarbeitenden ab.

Was sind die Vorteile des schwächenorientierten Ansatzes?
Dieser Ansatz kommt vor allen Dingen dann zum Einsatz, wenn Kompetenzen für eine Tätigkeit benötigt werden, über die der*die Mitarbeitende nur unzureichend verfügt.

Beim schwächenorientierten Ansatz sollte der natürliche Impuls entstehen: *„Ich verfüge nicht über ausreichend Kompetenz in einem bestimmten Bereich,* *also möchte ich diese Kompetenz stärken. Schließlich wird diese Kompetenz ja gebraucht".*

Was sind die Nachteile des schwächenorientierten Ansatzes?
Es gibt auch kritische Meinungen zu diesem Ansatz. Die Kritiker des schwächenorientierten Ansatzes mahnen an, dass es sehr schwer sei, die Schwächen von Mitarbeitenden zu beseitigen, vor allen Dingen, wenn die Lernmotivation bzw. die Lernbereitschaft bei diesen gar nicht oder nur eingeschränkt vorhanden ist. Auf das Thema Motivation gehen wir in Abschn. 2.4.3 noch näher ein.

2.1.2.2 Stärkenorientierter Ansatz
Beim stärkenorientierten Ansatz lautet das Motto: *„Stärken stärken".*

Der stärkenorientierte Ansatz unterscheidet sich vom schwächenorientierten Ansatz dadurch, dass sich die Bedarfsanalyse an den Stärken des*der Mitarbeitenden orientiert. Welche Stärken bringt der*die Mitarbeitende mit und wie können diese noch weiter ausgebaut werden?

Was sind die Vorteile des stärkenorientierten Ansatzes?
Wenn Mitarbeitende in einer Kompetenz bereits stark sind, kann dies die intrinsische Lernmotivation erhöhen und den Lernenden helfen, diese Kompetenz noch weiter auszubauen. Wir sehen häufig bei Top-Sportler*innen, Musiker*innen etc., dass diese zu Höchstleistungen auflaufen, wenn sie bereits in einer Sache gut sind, diese aber noch verbessern möchten.

Was sind die Nachteile des stärkenorientierten Ansatzes?
Die Kritiker*innen dieses Ansatzes sehen häufig nicht ein, warum die Stärken noch weiter ausgebaut werden sollen. Sie sehen darin die Gefahr der „Heranzüchtung" von Spezialisten.

▶   **Unser Praxistipp**
     Wir empfehlen Ihnen, abhängig von der individuellen Situation Ihrer Mitarbeitenden, beide Ansätze zu nutzen.
         Im Idealfall werden die mit einer Stelle oder Tätigkeit verbundenen Soll-Kompetenzen von den Ist-Kompetenzen eines Stelleninhabers bzw. einer Stelleninhaberin erfüllt. Doch in der Realität bleiben einzelne Ist-Kompetenzen oft hinter den Soll-Kompetenzen zurück, zumal sich die fachlichen Anforderungen an eine Tätigkeit oder eine

Stelle immer wieder verändern, Mitarbeitende versetzt oder einge-
lernt werden. Dann ist der schwächenorientierte Ansatz hilfreich, um
Defizite gezielt zu reduzieren.

Auf der anderen Seite melden sich Mitarbeitende oft für Weiter-
bildungsthemen an, die sie interessieren, obwohl oder weil sie bereits
über große Stärken zu diesen Themen verfügen.

Diese hohe Lernmotivation sollten Führungskräfte fördern und
nicht unterbinden. Denn auch Leistungen, die über die Soll-
Kompetenzanforderungen hinausgehen, können eine wertvolle
Ressource für Ihr Unternehmen darstellen und gleichzeitig die
Zufriedenheit der Mitarbeitenden maßgeblich fördern.

2.1.3   Methoden der kompetenzorientierten Bedarfsanalyse

Die Kompetenzmessung bildet eine zentrale Säule im Rahmen der kompetenzorientierten Bedarfsanalyse, da sich auf Grundlage der hier erlangten Ergebnisse
die individuellen Weiterbildungsbedarfe und -angebote gezielt ableiten lassen.

Im Rahmen von „New Learning" stehen zudem immer mehr kollaborative und
selbstbestimmte Lernkonzepte im Fokus, die zukünftig unser Lernen bestimmen
sollen und wahrscheinlich auch werden. Diese neuen Lernkonzepte werden nur
erfolgreich einsetzbar sein, wenn die Mitarbeitenden ihre Lernbedarfe anhand
valider Kompetenzmessungen kennen und akzeptieren.

Wir schauen uns zunächst 4 verschiedene Methoden zur Bedarfsanalyse im
Kontext der Kompetenzentwicklung näher an:

- Test
- Befragung
- Einschätzung
- Verhaltensbeobachtung

Wichtig bei allen vier Methoden ist, dass valide Ergebnisse zur realistischen
Einschätzung des individuellen Weiterbildungsbedarfs erzielt werden.

Anschließend zeigen wir Ihnen anhand zweier Beispiele einen praxisorientier-
ten Ansatz für eine Fremdeinschätzung und eine strukturierte Verhaltensbeobachtung.

Am Ende des Kapitels finden Sie unseren Praxistipp für einen Umgang mit den unterschiedlichen Methoden im Rahmen der kompetenzorientierten Trainingsentwicklung.

2.1.3.1 Test

Es ist immer noch weit verbreitet, z. B. Multiple-Choice-Tests durchzuführen, um Rückschlüsse auf Kompetenzen zu ziehen.

Vorteile

- Solche Wissenstests sind mit relativ geringem Aufwand zu erstellen, die Ergebnisse insbesondere von Multiple- oder Single-Choice-Tests sind gut messbar.
- Tests eignen sich gut für Wissensabfragen innerhalb der ersten beiden Stufen der Lernzieltaxonomie: „Kennen" und „Verstehen" (auf diese gehen wir in Abschn. 2.3.1 noch intensiver ein).

Nachteile

- Weil sich Kompetenz im Verhalten einer Person niederschlägt, lässt sie sich, anders als Wissen oder Fähigkeit, nicht einfach testen. Entscheidend ist nämlich die Umsetzung. Um die Kompetenz einer Person einschätzen zu können, müssen also ihre Handlungen beobachtet und beurteilt werden – am besten in herausfordernden Situationen.

Beispiel Mitarbeitendengespräch

Es genügt nicht, theoretisch zu wissen, wie man ein Mitarbeitendengespräch optimal führt, sondern entscheidend ist das umgesetzte Verhalten im Gespräch mit dem*der Mitarbeitenden.◄

▶   Für eine umfassende kompetenzorientierte Bedarfsanalyse empfehlen wir daher die Kombination aus Tests und einer der nachstehend beschriebenen Methoden.

2.1.3.2 Befragung

Befragungen erfolgen in der Regel mündlich oder schriftlich in Form eines Interviews oder Fragebogens. Dabei basiert die abgegebene Beurteilung auf bisherigen Erfahrungen mit der jeweiligen Person, idealerweise über einen längeren Zeitraum und in verschiedenen Situationen.

Vorteile

* Kompetenzen werden auf Basis langfristiger Erfahrungen beurteilt.
* relativ geringer Aufwand, da sich aus der in Schritt 1 ermittelten Liste der Soll-Kompetenzen unmittelbar ein Fragebogen ableiten lässt
* Ergebnisse sind über einen Soll-Ist-Abgleich leicht auswertbar.
* Sie erhalten Auskünfte über Sachverhalte und Hintergründe, die sich im täglichen Leben nicht ohne weiteres erschließen.

Nachteile

* Wenn Sie Menschen befragen, erhalten Sie nicht unmittelbaren Aufschluss darüber, was sie wirklich denken, fühlen, oder wie sie wirklich handeln. Sie bekommen nur Informationen mit einer zwangsläufig subjektiven Färbung.
* Da die Einschätzung retrospektiv erfolgt, sind die Beobachtungen in der Regel unstrukturiert und hängen stark davon ab, wie gut die einschätzende Person die einzuschätzende Person kennt bzw. wie ausgeprägt deren (Selbst-) Reflexionskompetenz ist.

Befragungstechniken werden weiter unterschieden in:

2.1.3.2.1 Unstrukturierte Befragung (nur mündlich)

Sie hat meist explorativen Charakter. Ein Leitfaden enthält die Rahmenthemen.

Vorteile

* hohe Flexibilität
* die Möglichkeit, bei Schwerpunkten nachzuhaken
* dadurch oft realitätsnähere Antworten

Nachteile

- An die Befragenden werden hohe Anforderungen gestellt.
- Die Ergebnisse mehreren Befragungen sind oft nur schwer vergleichbar.

2.1.3.2.2 Halbstrukturierte Befragung (nur mündlich)

Sie benutzen ein vorher definiertes Schema an Fragen.

Vorteile

- Reihenfolge und Wortlaut der Fragen können von Ihnen an das Verständnis der Befragten angepasst werden.
- Sie können Schwerpunkte vertiefen.

Nachteil

- Die Ergebnisse mehreren Befragungen sind teilweise schwer vergleichbar.

2.1.3.2.3 Strukturierte Befragung (mündlich oder schriftlich)

Ihr ganzes Interview beruht auf einem Fragebogen. Formulierung und Reihenfolge sind genau festgelegt.

Vorteile

- Die Informationen sind vergleichbar und lassen sich leicht auswerten.
- Die Anforderungen an die Befragenden sind niedrig – sie können nichts vergessen.

Nachteile

- geringe Flexibilität
- hoher Aufwand bei der Erstellung
- die Möglichkeit, dass Befrager und Befragte Begriffe unterschiedlich definieren

- Die gewonnenen Erkenntnisse sind nur in einem geringen Maße aussagekräftig zu den Ist-Kompetenzen.

Eine weitere Unterscheidung bei den Befragungstechniken ergibt sich durch die Frage, wer befragt, wer also um eine Einschätzung gebeten wird. Dabei wird zwischen Selbsteinschätzung und Fremdeinschätzung unterschieden. Die Kombination aus Selbst- und Fremdeinschätzung ergibt das 360-Grad-Feedback.

2.1.3.2.4 Selbsteinschätzung
Mitarbeitende schätzen ihre eigenen Kompetenzen ein.

Vorteile

- geringer Aufwand, da nur ein einzelner Bogen pro Person ausgewertet werden muss
- Chance für die Einschätzenden zur Selbstreflexion

Nachteile

- Man selbst kann möglicherweise nicht neutral einschätzen, wie selbstbewusst man auftritt, wie schnell die eigene Auffassungsgabe ist oder ob man angemessene Prioritäten setzt.
- Gerade bei sich selbst fällt es vielen schwer, sich mit anderen zu vergleichen und die eigenen Ausprägungen objektiv auf einer Skala einzuordnen.

2.1.3.2.5 Fremdeinschätzung
Der*die Mitarbeitende wird durch Dritte, wie z. B. Vorgesetzte, Kolleg*innen oder Expert*innen bewertet. Der Durchschnitt dieser Ergebnisse ist die Grundlage für den Soll-Ist-Abgleich.

Vorteile

- Je mehr Personen eine Kompetenzeinschätzung durchführen, desto genauer und valider werden die Ergebnisse.
- Bei Einschätzungen durch Expert*innen ist die Chance für ein valides Ergebnis sehr hoch.

Nachteile

- Auch Personen aus dem beruflichen Umfeld, also die eigene Führungskraft oder Kolleg*innen, können (oder wollen) diese Einschätzung vielleicht nicht mit der nötigen Objektivität treffen oder haben möglicherweise keine Vergleichsbasis.
- Diese Bewertungen müssen deshalb immer im Kontext der Beurteilenden betrachtet werden (Verhältnis zu bzw. Interesse gegenüber der zu beurteilenden Person, Vergleichsbasis für die Beurteilung, Beurteilungsfähigkeit des Beurteilenden etc.)
- Erstellen eines Gefälligkeitsgutachten, um der einzuschätzenden Person nicht zu schaden
- höherer Aufwand aufgrund größerer Anzahl von Befragten und auszuwertenden Fragebögen, datenschutzkonforme Gestaltung erforderlich

2.1.3.2.6 360-Grad-Feedback

Der*die Mitarbeitende schätzt sich selbst ein und wird zusätzlich durch Dritte eingeschätzt, wie durch Vorgesetzte, Kollegen*innen etc. Der Durchschnitt dieser Ergebnisse ist die Grundlage für den Soll-Ist-Abgleich. Auch hier gilt: je mehr Personen eine Kompetenzeinschätzung durchführen, desto genauer und valider werden die Ergebnisse.

Vorteile

- größtmögliche Genauigkeit und Validität innerhalb der Einschätzungsverfahren
- der Vergleich zwischen Selbst- und Fremdeinschätzung gibt zusätzlichen Aufschluss über die Selbstreflexionskompetenz des*der Mitarbeitenden

Nachteil

- Das Verfahren ist unter den Einschätzungen mit dem höchsten Aufwand verbunden, insbesondere wenn der Durchschnittswert der Fremdeinschätzungen in einem Zwischenschritt mit der Selbsteinschätzung der*des Mitarbeitenden verglichen werden soll.

▶ **Unser Praxistipp: Nutzung eines professionellen Kompetenzerfassungstools**
Immer mehr Firmen bieten digitale Kompetenzerfassungstools an (vgl. Abb. 2.1). Wir können die Nutzung solcher Tools sehr empfehlen. Achten Sie bei der Auswahl eines solchen Tools jedoch darauf, dass

Soziale und persönliche Kompetenz (Herz)	Einschätzung					
Kommunikative Fähigkeit	**Erfüllungsgrad**					
Ausdrucksweise ist klar, gewandt und flüssig	O 0%	O 20%	O 40%	O 60%	O 80%	O 100%
Rhetorik angemessen (Lautstärke, Sprechtempo, Akzente)	O 0%	O 20%	O 40%	O 60%	O 80%	O 100%
Argumentiert schlüssig und nachvollziehbar	O 0%	O 20%	O 40%	O 60%	O 80%	O 100%
Pflegt einen ruhigen, verbindlichen, freundlichen Ton	O 0%	O 20%	O 40%	O 60%	O 80%	O 100%
Kann aktiv zuhören, unterbricht nicht	O 0%	O 20%	O 40%	O 60%	O 80%	O 100%
Angemessene Körpersprache	O 0%	O 20%	O 40%	O 60%	O 80%	O 100%

Abb. 2.1 Beispiel für ein Kompetenzerfassungs-Tool (Nutzeroberfläche)

Sie dieses individuell auf Ihre funktionsspezifischen Soll-Kompetenzen anpassen können und dass sowohl Selbst- als auch Fremdeinschätzungen möglich sind und zu einem Gesamtergebnis zusammengeführt werden können.

2.1.3.3 Verhaltensbeobachtung

Die oben beschriebenen Einschätzungen sind in der Lage direkt einzelne Kompetenzen zu erfassen. Die Verhaltensbeobachtung ist ein Verfahren, das Kompetenzen zunächst nur indirekt erfasst.

Dabei werden gezielt Verhaltensweisen beobachtet und gemessen, die dann den entsprechenden Kompetenzen zugeordnet werden müssen. Diese Vorgehensweise wird u. a. beim „mystery shopping" oder beim Assessment praktiziert.

Vorteile

- Die Verhaltensbeobachtung gibt wichtige Aufschlüsse über den tatsächlichen Trainingsbedarf und eignet sich gut für das Abgleichen von Soll- und Ist-Kompetenzen.
- Durch die gezielte Beobachtung zum Zeitpunkt des Geschehens wird das Verhalten von Einzelpersonen oder Gruppen unmittelbar festgestellt.

- Verhaltensbeobachtungen eignen sich gut für ausgewählte Assessment Center Übungen.

Nachteil

- Die Verhaltensbeobachtung ist die aufwendigste unter den hier vorgestellten Methoden zur Kompetenzermittlung bezogen auf Vorbereitung, Durchführung und Auswertung.

Verhaltensbeobachtungen werden weiter unterschieden in:

2.1.3.3.1 Unstrukturierte Beobachtung

Unstrukturiert werden Sie immer dann vorgehen, wenn Sie sich einen Überblick verschaffen wollen – oder noch nicht wissen, wie Sie das Problem angehen sollen.

Sie notieren sich im Vorfeld der Beobachtung lediglich bestimmte Verhaltensmerkmale, auf die Sie besonders achten wollen – und lassen dann das Verhalten des*der zu Beobachtenden auf sich wirken.

Nach der unstrukturierten Beobachtung ordnen Sie Ihre Ergebnisse, um bei der Auswertung systematisch, d. h. strukturiert vorgehen zu können. Als Grundlage für die Strukturierung im Nachgang empfehlen wir die im Rahmen der Ermittlung des Kompetenzbedarfs identifizierten operativen Soll-Kompetenzen (s. Abschn. 2.1).

Vorteil

- ergebnisoffene Methode, da auf ein enges Raster an Beobachtungskriterien verzichtet wird

Nachteil

- Gefahr, dass Ergebnisse schwammig sind, da keine operativen Kompetenzprofile zugrunde liegen

2.1.3.3.2 Strukturierte Beobachtung

Eine strukturierte Beobachtung sollten Sie nur dann vornehmen, wenn Sie das Thema eingrenzen können.

Im Zuge der strukturierten Beobachtung werden Verhaltensbeobachtungen den jeweiligen Kompetenzen zugeordnet und bewertet (z. B. quantitativ auf einer Skala und qualitativ als Beschreibung). Das Kompetenzmodell mit den operationalisierten Einzelkriterien (Teilkompetenzen) ist dabei die Grundlage. Operationalisierungen sind konkrete Beschreibungen, die aussagen, was genau mit diesem Kriterium gemeint ist.

Beispiel strukturierte Beobachtung

In der Kategorie „Herz" (soziale und persönliche Kompetenz) wird bei der Kompetenz „Kommunikative Kompetenz" die Teilkompetenz „kann aktiv zuhören, lässt andere ausreden" bewertet (Skaleneinstufung von „1" bis „5"). Hier ist die Grundlage eine direkte Bewertung in der konkreten Situation.◄

Vorteile

- begrenzter, klar definierter Zeitraum
- auf Soll-Kompetenzen fokussierte Beobachtung
- verbesserte Validität der Messergebnisse und damit höhere Akzeptanz bei allen Beteiligten, da die Nachvollziehbarkeit gewährleistet werden kann
- Durchführung durch (externe) Experten möglich
- höchstmögliche Neutralität, Standardisierung und Objektivität

Nachteil

- höherer Aufwand als unstrukturierte Beobachtung, da analog zu den operativen Soll-Kompetenzlisten für die einzelnen Gruppen Fragebögen erstellt werden müssen, in denen die Soll-Kompetenzen mit allen Operationalisierungen (Teilkompetenzen) aufgelistet werden.

▶ **Unser Praxistipp**
Eine strukturierte Beobachtung erfordert die Festlegung:

- der Beobachtungseinheiten (z. B. Häufigkeit, Intensität, Dauer, Ausmaß)
- des Beobachtungszeitraumes
- der Hilfsmittel bzw. des Verfahrens

Ein wichtiges Hilfsmittel im Rahmen der strukturierten Beobachtung stellt ein Beobachtungsleitfaden dar, der während der Beobachtung als Checkliste dient.

Als Basis für solche strukturierten Leitfäden empfehlen wir die in Abschn. 2.1.1 beschriebenen Listen der operativen Soll-Kompetenzen. Gehen Sie nun wie folgt vor:

- Beschreiben Sie das Setting, in dessen Rahmen die Beobachtung stattfinden soll.
- Ordnen Sie jeder gelisteten Soll-Kompetenz die zugehörigen Teilkompetenzen in Form von beobachtbarem Verhalten zu und formulieren Sie diese als Checkliste.
- Führen Sie anhand der ausgefüllten Bögen einen Soll-Ist-Abgleich durch und erhalten Sie Aufschluss über die zu trainierenden Kompetenzen bzw. Teilkompetenzen.

Die so angelegte Checkliste bildet eine hervorragende Grundlage für die Bestimmung der Lerninhalte in Schritt 2 der kompetenzorientierten Trainingsentwicklung (s. Abschn. 2.2).

Um unser Buch praxisnah zu präsentieren, stellen wir Ihnen bei unseren 9 Schritten zur kompetenzorientierten Trainingsentwicklung immer wieder vereinfachte Beispiele aus einer Führungskräfteentwicklungsmaßnahme vor, hier in Form von Auszügen aus einem Muster-Beobachtungsleitfaden. Beachten Sie bitte, dass dieser Musterleitfaden nur ein Beispiel darstellt und an die jeweilige Situation angepasst werden sollte.

Die Beurteilungskriterien in unserem Beispiel sind die einzelnen Teilkompetenzen zur Grundkompetenz „Kommunikative Kompetenz" (vgl. Abb. 2.2).

Der Musterleitfaden umfasst zwei wesentliche Bestandteile, die für ein zu erstellendes Training von enormer Relevanz sind:

- Die Teilkompetenzen in Form von Operationalisierungen benennen beobachtbares Verhalten als Beurteilungskriterien, die so auch Mitarbeitende aus dem Bauch heraus beurteilen können, wie z. B. die Frage nach einem „ruhigen, verbindlichen Ton".
- Die Zuordnung von Erfüllungsgraden (hier: 20 % bis 100 %) dient der Messbarkeit und Vergleichbarkeit eines Ist-Zustands mit einem Soll-Zustand.

Weiterhin besteht für die Beobachtenden die Möglichkeit, mithilfe von „Freitexten" ergänzende Informationen zu notieren.

Musterbeispielbogen

für eine strukturierte Beobachtung im Mitarbeitenden-Gespräch
zur „kommunikativen Kompetenz und Führung"

Lesen Sie diesen Leitfaden vor der Durchführung Ihrer Gesprächsanalyse sorgfältig duch und verhalten Sie sich
vollkommen passiv gegenüber den Gesprächsteilnehmenden. Versuchen Sie Ihre Körpersprache neutral zu halten, insbesondere die
Mimik und Gestik. Während der Beobachtung bitten wir Sie auch nicht zu sprechen.

Sie beobachten mit neutraler Miene den Gesprächseinstieg zwischen Führungskraft und Mitarbeitenden.

Kompetenz: Kommunikative Fähigkeit (Grundkompetenz)	Einschätzung					
Ausdrucksweise ist klar, gewandt und flüssig	O 0%	O 20%	O 40%	O 60%	O 80%	O 100%
Rhetorik angemessen (Lautstärke, Sprechtempo, Akzente)	O 0%	O 20%	O 40%	O 60%	O 80%	O 100%
Angemessene nonverbale Kommunikation	O 0%	O 20%	O 40%	O 60%	O 80%	O 100%
Pflegt einen ruhigen, verbindlichen, freundlichen Ton	O 0%	O 20%	O 40%	O 60%	O 80%	O 100%
Kann aktiv zuhören, unterbricht nicht	O 0%	O 20%	O 40%	O 60%	O 80%	O 100%
Angemessene Balance zwischen eigenem Redeanteil und zuhören	O 0%	O 20%	O 40%	O 60%	O 80%	O 100%

Platz für eigene Notizen:

_____

_____

_____

_____

Abb. 2.2 Musterbeispielbogen für eine strukturierte Beobachtung im Mitarbeitenden-Gespräch zur „kommunikativen Kompetenz und Führung"

Und so könnte ein mögliches (Teil-)Ergebnis der durchgeführten Beobachtung aussehen:

Beispiel Führungskräfteentwicklung – Ergebnis Bedarfsanalyse

Bei einer Beobachtung innerhalb der Bedarfsanalyse kommt heraus, dass Führungskräfte Schwierigkeiten beim „Führen von Mitarbeitendengesprächen" haben. Insbesondere ist der Redeanteil viel zu hoch. Die Führungskräfte hören in den Mitarbeitendengesprächen zu wenig zu, und stellen kaum offenen Fragen.

Folgende Verhaltensbeobachtungen können in dem Beispiel aus der Bedarfsanalyse konkret abgeleitet werden:

Schwierigkeiten beim Führen von Mitarbeitendengesprächen
Was wurde dort konkret u. a. festgestellt:
Die Führungskräfte erreichen bei der Kompetenz „Kommunikative Kompetenz" und deren Teilkompetenz bei der Teilkompetenz „Kann aktiv zuhören, lässt andere ausreden" nur einen durchschnittlichen Wert von 33 %.
Folgende Freitextkommentare konkretisieren das Problem:

- Der Redeanteil von Führungskräften ist zu hoch
- Führungskräfte hören zu wenig zu
- Es werden fast keine Fragen gestellt◄

Das Beispiel zeigt, wie Kompetenzeinschätzungen konkrete Defizite ans Licht fördern können. In der Praxis empfehlen wir daher regelmäßige Kompetenzeinschätzungen (Selbst- und Fremdeinschätzung), die durch Beobachtungen (z. B. mystery shopping), Befragungen (z. B. Mitarbeitendenbefragungen) oder Expert*innen-Einschätzungen ergänzt werden.
Doch egal, für welche der vorgestellten Methoden Sie sich entscheiden: Sie sollten das Ziel haben, im Rahmen Ihrer Ressourcen so genau wie möglich den Kompetenzentwicklungsbedarf zu ermitteln, um daraus ein zielgerichtetes Lernkonzept zu erstellen.

Übersicht

- Die kompetenzorientierte Bedarfsanalyse ist der erste wichtige Baustein für die kompetenzorientierte Trainingsentwicklung.
- Aus der Bedarfsanalyse ergeben sich im weiteren Verlauf die Lerninhalte, die später auf die Kompetenzen einzahlen werden.
- Zur kompetenzorientierten Bedarfsanalyse stehen Ihnen verschiedene Methoden zur Auswahl, die mit unterschiedlichem Aufwand verbunden sind.
- Als Faustregel gilt: Je höher der mit der Bedarfsanalyse verbundene Aufwand, desto höher die Zielgenauigkeit und Validität der Ergebnisse.

2.2   Lerninhalte bestimmen

Im nächsten Schritt müssen aus den ermittelten Kompetenzen und Teilkompetenzen die einzelnen Lerninhalte identifiziert werden, die in das Trainingsangebot
aufgenommen werden sollen.

Wir definieren den Begriff „Lerninhalt" als die „kleinste zu vermittelnde Lerneinheit". In der Literatur wird dafür auch häufig der Begriff „Lernnugget"
verwendet.

Ein Lerninhalt ist nicht identisch mit einer Teilkompetenz, zahlt jedoch direkt
oder indirekt auf die Teilkompetenz ein.

Zur Lerninhaltsbestimmung gibt es verschiedene Ansätze

1. Ein Lerninhalt ist direkt ableitbar von einer Teilkompetenz:
   Beispiel: Die Teilkompetenz lautet „Angemessene nonverbale Kommunikation (Körpersprache)". Hierzu könnte ein möglicher Lerninhalt „Körpersprache"
   heißen.
2. Ein Lerninhalt ist nicht direkt ableitbar von Teilkompetenz, zahlt jedoch indirekt
   auf diese ein:
   Beispiel: Die Teilkompetenz lautet „Pflegt einen ruhigen, verbindlichen,
   freundlichen Ton". Hierzu könnten mögliche Lerninhalte „Gewaltfreie Kommunikation", „Eisbergmodell" oder „Transaktionsanalyse" heißen.

Man könnte im Rahmen der kompetenzorientierten Trainingsentwicklung daher
auch sagen, ein Lerninhalt sei ein „trainierbares Thema". Jedoch sagen Lerninhalte
noch nichts darüber aus, mit welchen Medien und mit welchen Methoden diese
vermittelt werden. Dies wird erst zu einem späteren Zeitpunkt festgelegt.

Zum besseren Verständnis: In diesem Schritt geht es noch nicht um die inhaltliche
Aufbereitung der Lerninhalte als Lernbausteine für das anschließende Training,
sondern lediglich darum herauszufinden, welche Lerninhalte grundsätzlich auf die
zu entwickelnden Kompetenzen einzahlen.

2.2.1 Ableiten von Lerninhalten aus den ermittelten Soll-Kompetenzen

Beim Ableiten der Lerninhalte aus den Kompetenzbedarfen in Ihrem Unternehmen ist Ihr persönlicher Wissensfundus und Ihre Recherchetätigkeit im Bereich der Personalentwicklung gefragt:

- Beurteilen Sie zunächst anhand der in Schritt 1 angelegten Gesamt-Sollkompetenzliste (s. Abschn. 2.1.1.1), welche trainierbaren Themen sich unmittelbar von den gelisteten Teilkompetenzen ableiten lassen.
- Nun analysieren Sie, ob zu den direkt ableitbaren Lerninhalten noch Lerninhalte hinzukommen, welche indirekt auf die zu trainierenden Kompetenzen einzahlen. Es handelt sich hierbei beispielsweise um Theorieinhalte, Modelle, Hintergrundinformationen etc.
- Anschließend bündeln Sie Themen, die thematisch zusammenpassen.

Um diesen Schritt greifbarer zu machen, schauen wir unser Beispiel „Mitarbeitendengespräche führen" nochmals an und führen es weiter aus.

Vereinfachtes Beispiel Führungskräfteentwicklung – Ableitung Lerninhalte

Folgende Verhaltensbeobachtungen konnten in dem Beispiel aus der Bedarfsanalyse abgeleitet werden:

Schwierigkeiten beim Führen von Mitarbeitendengesprächen
Was wurde dort konkret u. a. festgestellt:
Die Führungskräfte erreichen bei der Kompetenz „Kommunikative Kompetenz" und deren Teilkompetenz bei der Teilkompetenz „Kann aktiv zuhören, lässt andere ausreden" nur einen durchschnittlichen Wert von 33 %.
Folgende Freitextkommentare konkretisierten das Problem:

- Der Redeanteil von Führungskräften ist zu hoch
- Führungskräfte hören zu wenig zu
- Es werden fast keine Fragen gestellt

Folgende Lerninhalte könnten sich beispielsweise daraus ableiten lassen:

- Fragetechniken
- Aktives Zuhören◄

2.2.2   Anlegen einer Gesamtübersicht

Führen Sie den Schritt „Ableiten von Lerninhalten" für alle von Ihnen ermittelten Teilkompetenzen durch. So erhalten Sie eine Liste von Lerninhalten, die geeignet sind, sämtliche von Ihnen ermittelten Kompetenzbedarfe zu decken.

Diese Gesamtübersicht über die Soll-Kompetenzen in Kombination mit den abgeleiteten Lerninhalten bildet eine wichtige Grundlage für die weitere kompetenzorientierte Trainingsentwicklung.

Sollten Sie über ein geeignetes Content-Management-System verfügen (s. Abschn. 2.9), empfehlen wir, die in Schritt 1 und 2 ermittelten Daten direkt hier einzupflegen und miteinander zu verknüpfen.

Alternativ empfehlen wir, z. B. in dem Office-Programm „PowerPoint" die SmartArt-Funktion „Hierarchie" auszuwählen und dort für jede Kompetenz eine eigene Seite anzulegen. Diese Seiten werden im Verlauf des Buches mit weiteren Informationen befüllt (vgl. Abb. 2.3).

2.3   Lernziele formulieren

Um sicherzustellen, dass Trainings passgenau auf Kompetenzen einzahlen, helfen uns Lernziele, deren messbare Ergebnisse am Ende eines Lernprozesses überprüft werden können.

Bei der Formulierung von Lernzielen gilt es jedoch zu berücksichtigen, welche konkreten Defizite bei den Lernenden bezüglich einer Kompetenz beseitigt werden sollen: Mangelt es den Lernenden an elementaren Grundkenntnissen? Fehlt ihnen das Verständnis für den Zusammenhang zwischen Grundkenntnissen und ihrer praktischen Anwendung? Oder hapert es vielleicht bei der konkreten Umsetzung dieser Kenntnisse im Arbeitsalltag?

Je nach Fragestellung, können die abgeleiteten Feinlernziele sehr unterschiedlich lauten. Um hier ein strukturiertes Vorgehen zu gewährleisten, stellen wir Ihnen zunächst eine für die kompetenzorientierte Trainingsentwicklung grundlegende Systematik vor, auf der wir im Folgenden weiter aufbauen.

2.3.1   Die Lernzieltaxonomie

Benjamin Bloom hat sich mit dieser Thematik bereits Anfang der 1950er Jahre auseinandergesetzt. Er hat hierzu eine sog. „Lernzieltaxonomie" entwickelt, um Lernziele noch lernspezifischer zu formulieren (Krathwohl et al.,

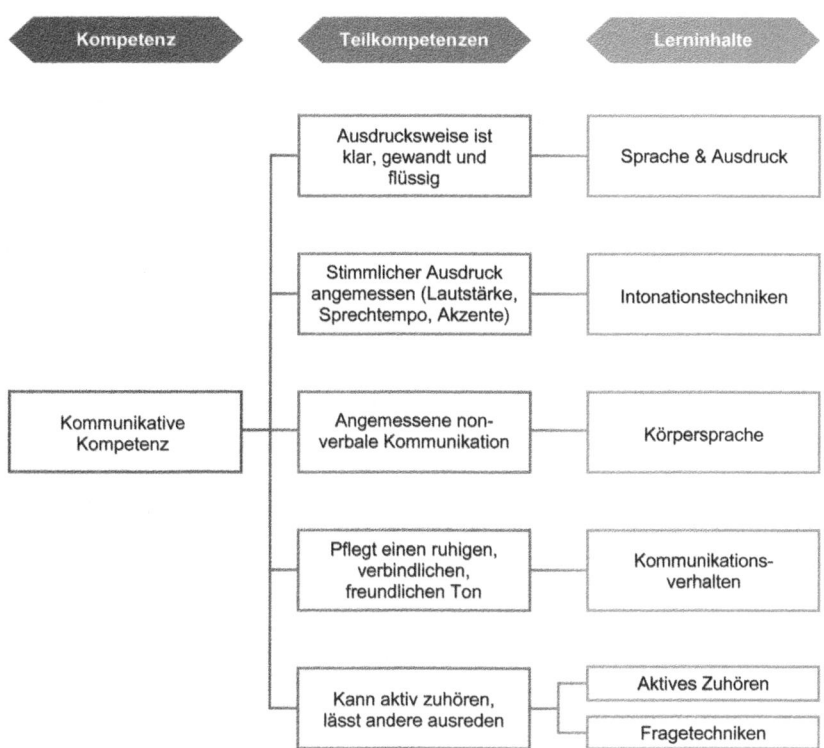

Abb. 2.3 Beispiel für eine Lerninhalte-Gesamtübersicht zur Grundkompetenz „Kommunikative Kompetenz"

1978). Wir haben uns gefragt, ob alle von ihm benannten sechs Taxonomie-Stufen für kompetenzorientiertes Lernen notwendig und zielführend sind. In unseren Überlegungen haben wir die Definition von Kompetenzen mit einbezogen und haben diese als die höchste Stufe etabliert. Anschließend haben wir die von Benjamin Bloom entwickelte Lernzieltaxonomie etwas vereinfacht und für kompetenzorientiertes Lernen angepasst (vgl. Abb. 2.4).

2.3.1.1 Stufe 1: Kennen

Die unterste Stufe des kompetenzorientierten Lernens beschreibt einen Zustand, in dem eine tiefere Auseinandersetzung mit dem Lerninhalt noch nicht stattgefunden hat. Viele Theorien, Methoden, Modelle etc. sind vom Namen und von

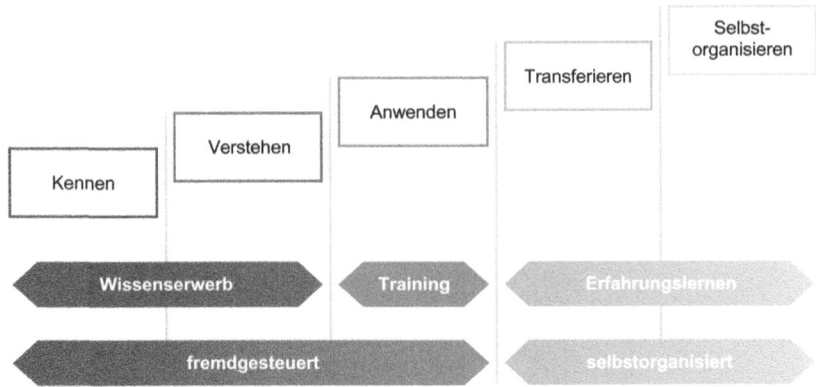

Abb. 2.4 Die 5 Stufen der Lernzieltaxonomie in Anlehnung an Benjamin Bloom (1978)

Bildern her bekannt, die relevanten Inhalte sind bei den Lernenden jedoch nur lückenhaft oder gar nicht abrufbar.

In Stufe 1 geht es lediglich um das „Kennen", welches den Unterbau für das weitere Lernen darstellt. Stufe 1 stellt somit den Einstieg zum kompetenzorientierten Lernen dar. Hierzu zählen beispielsweise Hintergrundinformationen wie Statistiken oder bestimmte Informationen, die für uns interessant und für den weiteren Lernprozess relevant sind, jedoch zunächst nur geringfügig auf die Kompetenzerhöhung einzahlen.

Stufe 1 zählt typischerweise zu den „fremdgesteuerten", also von Dritten initiierten Lernprozessen, bei denen es um reine Wissensvermittlung geht.

2.3.1.2 Stufe 2: Verstehen

In der zweiten Stufe geht es um das „Verstehen". Haben die Lernenden den Lerninhalt auch wirklich verstanden und für sich verinnerlicht? Begreifen sie auch, welchen Nutzen das in Stufe 1 erworbene Wissen für sie bringt und wo und wann sie es anwenden können?

Diese Frage haben wir uns alle schon 100-fach gestellt: Warum soll ich dieses oder jenes Modell jetzt lernen? Was bringt mir das denn?

Die Frage nach dem Nutzen stellt für kompetenzorientiertes Lernen einen der zentralen Punkte dar. Warum dies so ist, erläutern wir genauer in Kap. 3 zum Thema „gehirngerechtes Lernen".

Auch die zweite Stufe zählt in der Regel zu den fremdgesteuerten Lernprozessen mit Wissensaufbau. Die Personalentwicklung ist aktiv und steuert von außen die Lernprozesse.

2.3.1.3 Stufe 3: Anwenden

In der dritten Stufe steht die Anwendung von Wissen im Zentrum von kompetenzorientiertem Lernen.

In dieser Stufe findet typischerweise das „fremdgesteuerte Trainieren" statt. Fremdgesteuertes Trainieren heißt „organisiertes Klassenzimmer-Training", wobei Trainieren hier wörtlich zu nehmen ist. Geführtes und formelles Lernen findet in einem didaktisch-methodischen durchdachten Lernkonzept statt.

Die dritte Stufe zahlt nun direkt auf Kompetenzen ein. In dieser Stufe können professionelle Expert*innen spezifisches Kompetenzverhalten zum ersten Mal beobachten und valide Aussagen zu Stärken und Schwächen machen, was in den bisherigen beiden Stufen nicht möglich ist, da „Wissen" nicht gleichbedeutend mit „Anwendung des Wissens" ist.

Auch in der Stufe der „Anwendung" übernimmt die Personalentwicklung weiterhin die aktive Rolle und steuert von außen die Lernprozesse.

2.3.1.4 Stufe 4: Transferieren

In der vierten Stufe verlassen wir nun das „Klassenzimmer" und kommen in die praktische Umsetzung, in der Kompetenzen tatsächlich in Organisationen abgerufen werden. In der Phase „Transferieren" geht es um die Umsetzung des Gelernten in der Praxis.

Wir wissen aus der Praxis heraus, dass Lerninhalte sich in der Regel nicht direkt 1 zu 1 umsetzen lassen, sondern auf die persönlichen Bedürfnisse des Lernenden angepasst werden müssen. Die Rolle der Trainer*innen verändert sich immer mehr in Richtung der Lernbegleiter*innen und Coaches. Auf die einzelnen Rollen gehen wir in Abschn. 4.6 näher ein.

Auf der Stufe „Transferieren" werden erstmals selbstorganisierte Lernprozesse mithilfe von Coaches in Gang gesetzt. Informelles Lernen setzt sich hierbei immer mehr durch.

In der vierten Stufe werden Praxisprojekte initiiert, die den Lernenden die Möglichkeit geben, Kompetenzen durch eigenständiges Lösen ihrer Praxisprojekte im Arbeitsalltag zu erwerben. Fremdgesteuertes Lernen nimmt dabei immer weiter ab. Individuelle Lern-Interaktionen werden immer wichtiger gegenüber den Werkzeugen, die den Lernenden von Lernbegleitenden und Coaches zur Verfügung gestellt werden.

In der vierten Phase beginnt das Lernen am Arbeitsplatz durch die gemachten Erfahrungen.

Die Personalentwicklung verlässt ihre bisherige, eher klassische Rolle und übernimmt jetzt immer mehr die Rolle der „Kompetenzentwicklung", indem sie selbstgesteuertes Lernen anhand von Projekten initiiert.

2.3.1.5 Stufe 5: Selbstorganisieren

Die fünfte Stufe beschreibt die höchste Stufe des kompetenzorientierten Lernens. In dieser Stufe zeigt sich, ob die Lernenden in der Lage sind, sich in Situationen selbstorganisiert zurechtzufinden und kreativ zu handeln. Das heißt, dass sie vor unzähligen neuen Herausforderungen stehen, die im Vorfeld nicht alle trainiert werden können. Wir sprechen hier bewusst von „Selbstorganisieren".

Kompetenzentwicklung findet auf der fünften Stufe durchgängig selbstorganisiert statt. Das bedeutet auch, dass kollaboratives Arbeiten und Lernen im Netz anhand eigener Projekte und „Social Workplace Learning" aus eigenem Antrieb heraus stattfindet.

Die Rolle des*der Lernbegleiter*in nimmt immer weiter ab und wandelt sich in Richtung „Mentoring". Die Kompetenzentwicklung (bisher: Personalentwicklung) steht in ihrer Rolle den Fachabteilungen als strategische Partnerin zur Seite und fördert agiles Lernen, indem sie ein passendes Mindset für eine neue Lernkultur mit dem Ziel der Selbststeuerung, Kollaboration und einer neuen Lernkultur etabliert (vgl. Abb. 2.5).

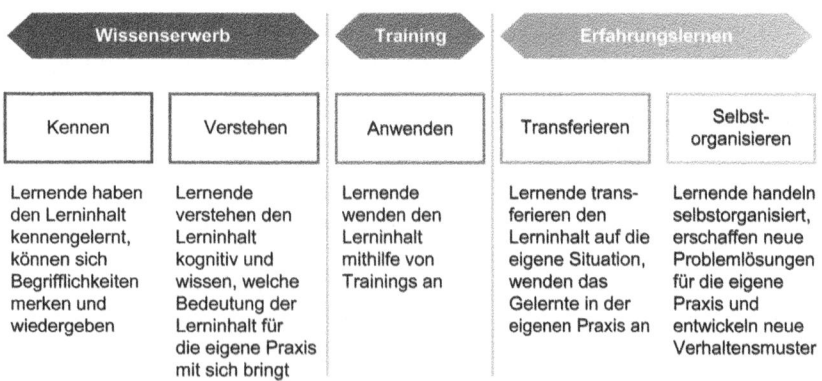

Abb 2.5 Die 5 Stufen der Lernzieltaxonomie in Anlehnung an Benjamin Bloom (1978)

Die Lernzieltaxonomie hilft der Kompetenzentwicklung (bisher: Personalentwicklung) aus der Gefahr des „Gießkannenprinzips der Weiterbildung" zu kommen, indem passgenau agiles und individuelles Lernen strukturiert wird.

2.3.2 Kriterien bei der Festlegung von Lernzielen

Nachdem wir die 5 Stufen der Lernzieltaxonomie vorgestellt haben, kommen wir nun zu den Kriterien zur Festlegung von Lernzielen. Wir fassen diese für Sie kurz zusammen, da wir davon ausgehen, dass Ihnen diese Kriterien bei Ihrem weiteren Vorgehen bekannt sein sollten:

Lernziele sollten grundsätzlich auf die zu trainierenden Kompetenzen einzahlen. Weiterhin sollten sie...

- motivierend,
- beobachtbar,
- messbar,
- realistisch,
- herausfordernd und
- konkret

sein.

▶ Achten Sie bei der Formulierung von Lernzielen stets darauf, dass alle oben genannten Kriterien weitestgehend erfüllt werden.

2.3.3 Formulierung von Lernzielen

Mithilfe der Lernzieltaxonomie-Stufen und den Kriterien für Lernziele kommen wir jetzt zu den Lernzielformulierungen. Hierzu empfehlen wir ein Vorgehen in drei Schritten:

- Durch die Beschreibung des *Richtlernziels* erfolgt im ersten Schritt eine Zuordnung des in der Bedarfsanalyse ermittelten Weiterbildungsbedarfs zu einer Soll-Kompetenz.

- Die Beschreibung der *Groblernziele* führt im zweiten Schritt zu einer Konkretisierung des Richtlernziels auf Ebene der Teilkompetenzen (Operationalisierungen).
- Die Lerninhalte bilden den Ausgangspunkt im dritten Schritt für die weitere Konkretisierung der Groblernziele in *Feinlernziele* entlang der 5 Stufen der Lernzieltaxonomie.

▶ **Unser Praxistipp**
Wenn Sie im Rahmen der Bedarfsanalyse Ihre Fragebögen bereits auf Basis der Soll-Kompetenzliste strukturiert anlegen und darin die Teilkompetenzen (Operationalisierungen) als Checklisten-Kriterien hinterlegen, leiten sich die Richtlernziele und Groblernziele unmittelbar daraus ab.

2.3.3.1 Bestimmung der Richtlernziele

Die kompetenzorientierte Lernzielfestlegung beginnt mit dem Richtlernziel. Das Richtlernziel beschreibt die Kompetenz, die verbessert werden soll, in Bezug auf die Zielgruppe.

Da dieselben Grundkompetenzen für nahezu jede Tätigkeit benötigt werden, nutzen wir in diesem Buch beispielhaft unseren bereits vorgestellten „Katalog der Grundkompetenzen":

Sachqualität (KOPF)

- Analytisches Denken
- Selbstmanagement
- Lern-/Selbstreflexionskompetenz

Soziale und persönliche Kompetenz (HERZ)

- Kommunikative Kompetenz
- Kontaktfreude/Begeisterungskraft
- Teamkompetenz
- Konfliktkompetenz

Einfluss (HAND)

- Initiative/Entschlusskraft

- Überzeugungskraft/Durchsetzungsvermögen
- Selbstvertrauen/Belastbarkeit

Wir schauen uns hierzu wieder unser Praxisbeispiel an:

Vereinfachtes Beispiel Führungskräfteentwicklung – Richtlernziel ermitteln

Folgende Verhaltensbeobachtungen konnten in dem Beispiel aus der Bedarfsanalyse abgeleitet werden:

Schwierigkeiten beim „Führen von Mitarbeitendengesprächen"
Was wurde dort konkret u. a. festgestellt: Die Führungskräfte erreichen
bei der Kompetenz „Kommunikative Kompetenz" und deren Teilkompetenz
„Kann aktiv zuhören, lässt andere ausreden" nur einen durchschnittlichen Wert
von 33 %.

In unserem Beispiel ist als Richtlernziel die Grundkompetenz „kommunikative Kompetenz" betroffen. Jetzt wird dieses Ergebnis auf die konkrete
Situation bezogen. Eine Richtlernzielformulierung könnte bei diesem Beispiel
wie folgt aussehen: *„Die kommunikative Kompetenz der Führungskraft soll
verbessert werden."* ◄

Die direkte Messbarkeit ist beim Richtlernziel noch nicht gegeben. Diese wird
erst innerhalb der Groblernziele und Feinlernziele immer weiter konkretisiert.

2.3.3.2 Bestimmung der Groblernziele

Mit der Formulierung des Richtlernziels wurde allgemein die Kompetenz
benannt, die in einer bestimmten Zielgruppe entwickelt werden soll. Im nächsten
Schritt der Lernzielbestimmung geht es darum, welche konkreten Teilkompetenzen (Operationalisierungen) in der Zielgruppe trainiert werden sollen. Die
Groblernzielformulierung ist dabei wichtig, um die allgemein beschriebenen
Operationalisierungen in konkrete, auf die Zielgruppe bezogene Handlungen zu
übersetzen.

Für ein besseres Verständnis greifen wir unser bisheriges Beispiel wieder auf.

Vereinfachtes Beispiel Führungskräfteentwicklung – Groblernziel ermitteln

Auf Grundlage der Beobachtungsergebnisse wurde unter anderem folgendes
Richtlernziel formuliert:
„Die kommunikative Kompetenz der Führungskraft soll verbessert werden."

Hier noch einmal die konkreten Kritikpunkte bezüglich Führungskräfte bei Mitarbeitendengesprächen:

Die Führungskräfte erreichen bei der Teilkompetenz „Kann aktiv zuhören, lässt andere ausreden" nur einen durchschnittlichen Wert von 33 %.

Jetzt wird dieses Ergebnis auf die konkrete Situation bezogen. Eine Groblernzielformulierung könnte bei diesem Beispiel nun wie folgt aussehen:

„Die Führungskraft kann aktiv zuhören und lässt andere ausreden." ◄

2.3.3.3 Bestimmung der Feinlernziele

Mit der Bestimmung der Richt- und Groblernziele haben wir die Trainingsziele auf die Zielgruppe, die betroffenen Kompetenzen und Teilkompetenzen bezogen.

Die Feinlernziele stellen eine weitere Konkretisierung der Lernziele unter Berücksichtigung

- der zu trainierenden Kompetenzstufen und
- der Messbarkeit der Lernziele

dar.

In Abschn. 2.2 hatten wir bereits aus der Liste der für das Unternehmen erforderlichen Kompetenzen und Teilkompetenzen trainierbare Lerninhalte abgeleitet. Diese Lerninhalte stellen den Ausgangspunkt für die Bestimmung der auf die Zielgruppe bezogenen Feinlernziele dar.

Zur Veranschaulichung zeigen wir Ihnen anhand unseres Beispiels „Führungskräfteentwicklung" mögliche Feinzielformulierungen entlang der Lernzieltaxonomie.

Vereinfachtes Beispiel Führungskräfteentwicklung – Feinlernziele

Auf Grundlage der Teilkompetenz „Kann aktiv zuhören, lässt andere ausreden" wurden folgende Lerninhalte beispielhaft formuliert:

- Fragetechniken
- Aktives Zuhören

Wir konzentrieren uns in unserem Beispiel nur auf den Lerninhalt „Fragetechniken". Wie könnten hierzu Feinlernziele entlang der Lernzieltaxonomie aussehen?

Kennen

- Die Führungskraft zählt am Ende der Lerneinheit die 5 wichtigsten Fragearten auf.
- Die Führungskraft kennt den Unterschied zwischen offenen und geschlossenen Fragen.

Verstehen

- Die Führungskraft versteht die Notwendigkeit, Fragen während eines Gesprächs zu nutzen.
- Die Führungskraft weiß, welche Fragen wann in einem Gespräch eingesetzt werden.
- Die Führungskraft versteht, dass man über Fragen ein Gespräch in bestimmte Richtungen lenken kann.

Anwenden

- Die Führungskraft setzt offene Fragen in den von ihr durchgeführten Gesprächen im Training aktiv ein.

Transferieren

- Die Führungskraft setzt gezielt die gelernten offenen Fragen in den von ihr durchgeführten Gesprächen in der Praxis ein.

Selbstorganisieren

- Die Führungskraft variiert bestimmte Fragearten, in den von ihr durchgeführten Gesprächen in der Praxis und lenkt dadurch bewusst ihre Gespräche in die von ihr vorgegebene Richtung.◄

Die Feinlernziele bilden nicht nur eine wichtige Grundlage für die Trainingsentwicklung. Sie eignen sich auch ideal als Basis für eine Lernzielkontrolle am Ende der Trainingseinheiten auf den verschiedenen Stufen der Lernzieltaxonomie (s. Abschn. 2.8).

> **Unser Praxistipp**
> Legen Sie für jeden Lernbaustein, den Sie aufgrund der Ergebnisse
> Ihrer Bedarfsanalyse neu entwickeln oder überarbeiten möchten,
> schon hier ein Datenblatt in Form eines Exposés an, in welchem Sie
> Lerninhalt, Lernziele usw. festhalten. Ein Beispiel für ein solches Exposé
> finden Sie in Abschn. 2.7.3.1.
> Falls Sie bereits über ein Content-Management-System verfügen,
> welches das Anlegen solcher Datenblätter unterstützt, bietet es sich
> an, dieses direkt zu nutzen.

2.4   Zielgruppen analysieren

Um die Wichtigkeit der Zielgruppenanalyse zu verdeutlichen, beginnen wir
mit einem Alltagsbeispiel aus der klassischen Personalentwicklung, welches Sie
eventuell aus der eigenen Praxis kennen:

**Vereinfachtes Beispiel Führungskräfteentwicklung – Vorgehensweise in der
klassischen Personalentwicklung**

In einer Mitarbeitendenbefragung kommt heraus, dass der Redeanteil bei
Führungskräften in Mitarbeitendengesprächen viel zu hoch sei. Die Personalentwicklung entschließt sich, ein Seminar für die Führungskräfte anzubieten.
Da nicht bekannt ist, ob alle Führungskräfte davon betroffen sind (die Mitarbeitendenbefragung wurde anonym durchgeführt), wird ein offenes Seminar
für Führungskräfte angeboten. Es gibt in diesem Unternehmen drei Führungsebenen. Der Titel des Trainings lautet: „Mitarbeitendengespräche konstruktiv
und sozialkompetent führen".

Was ist über die Zielgruppe bekannt?

- Es handelt sich um Führungskräfte aus drei Führungsebenen.
- Es ist bekannt, aus welchen Unternehmensbereichen die Führungskräfte
  stammen, wenn sich diese zum Training anmelden.
- Es ist bekannt, wie lange die Führungskräfte im Unternehmen sind.

Was ist über die Zielgruppe nicht bekannt?

- Aus welcher Motivation heraus melden sich die Führungskräfte an?

- Wie erfahren sind diese Führungskräfte in Bezug auf das Führen von Mitarbeitendengesprächen?
- Mit welcher Erwartung kommen die Führungskräfte zum Training?
- Sind die Führungskräfte für digitale Lernmedien offen?
- Wie vertraut sind die Führungskräfte bereits mit den Lernthemen?
- Kommt exakt die Zielgruppe, die bei der Mitarbeitendenbefragung gemeint war?
- Welche Kompetenzen bringen die Führungskräfte mit in das Training?◄

Stellen Sie sich vor, Sie übernehmen für diese Weiterbildungsmaßnahme die Trainingsentwicklung. Sie werden die Themen aus der anonymen Mitarbeitendenbefragung und die notwendigen Theorieinhalte dazu in das Training einbauen und auf die Erfahrung der Trainer*innen vertrauen.

Gerade in größeren Unternehmen stehen die Personalentwicklungsabteilungen genau vor diesen Herausforderungen. Falls nur Präsenztrainings angeboten werden, werden erfahrene Trainer*innen in der Lage sein, sich auf die anwesenden Lernenden einzustellen und flexibel im Training zu reagieren.

Trotzdem ist es eine Mammutaufgabe, sich als Trainer*in auf alle Bedürfnisse und Wünsche der Lernenden einzulassen, zumal im Vorfeld des Trainings die Lernziele bereits festgezurrt wurden und sich teilweise erheblich von den Wünschen der Lernenden unterscheiden. Hinzu kommt, dass im Vorfeld über die angemeldeten Lernenden so gut wie nichts bekannt ist. Flexibilität aller Anwesenden ist hierbei gefragt.

Wird aber diese Weiterbildungsmaßnahme beispielsweise als Blended Learning- oder E-Learning-Format angeboten, sind die Grenzen der Flexibilität schnell erreicht, vor allen dann, wenn weder die digitalen Kompetenzen noch die persönlichen Lernpräferenzen der Teilnehmenden im Vorfeld des Trainings berücksichtigt wurden.

▶ Um kompetenzorientiertes Lernen zum Erfolg zu bringen, ist es daher notwendig, über die Lernenden mit ihren Bedürfnissen mehr zu erfahren. Schließlich konzipieren Sie Trainingsmaßnahmen nicht als Selbstzweck. Auch hierbei gilt der Spruch: *„Der Wurm muss dem Fisch schmecken, nicht dem Angler!"*

Vielleicht mag der Spruch abgedroschen klingen, aber er hat nicht an Bedeutung verloren. In der Vergangenheit war das „Gießkannenprinzip" an der Tagesordnung, nach dem Motto *„Es wird schon für die meisten Lernenden irgendetwas dabei sein".*

So funktioniert „kompetenzorientiertes Lernen" aber nicht. Wir schauen uns im Rahmen der kompetenzorientierten Trainingsentwicklung die Zielgruppe daher etwas genauer an.

2.4.1 Die individuellen Lernpräferenzen

Aus der Bedarfsanalyse wissen wir bereits, welche Kompetenzen trainiert werden sollen. Außerdem haben wir erläutert, dass die individuelle Lernmotivation eine große Rolle spielt. Damit kompetenzorientiertes Lernen entlang der Lernzieltaxonomie funktioniert, ist es jedoch auch notwendig, die individuellen Lernpräferenzen der Lernenden zu kennen, um Lerninhalte bedarfsgerecht aufbereiten bzw. bereitstellen zu können.

2.4.1.1 Individuelles und gemeinschaftliches, digitales und analoges Lernen

Bei der Konzeption sind wir zunächst von zwei Gegensatzpaarungen ausgegangen:

1. individuelles Lernen – gemeinschaftliches Lernen
2. digitales Lernen – analoges Lernen

Als erstes Gegensatzpaar stehen sich „individuelles Lernen" und „gemeinschaftliches Lernen" gegenüber:

- Es gibt Lernende, die bevorzugt individuell für sich allein lernen. Oftmals hegen diese den Anspruch, räumlich und zeitlich flexibel lernen zu können.
- Es gibt aber auch diejenigen, die die Gemeinschaft bevorzugen, um miteinander und auch voneinander zu lernen.

Als zweites Gegensatzpaar stehen sich analoge und digitale Lernpräferenzen gegenüber:

- Es gibt Lernende, welche analoges Lernen bevorzugen und digitales Lernen oftmals ablehnen.

• Umgekehrt wächst eine Generation heran, die es gewohnt ist, mit digitalen Medien zu lernen, welche digitales Lernen mittlerweile sogar fordert.

Der Trend geht hier klar in Richtung „digitales Lernen". Das bedeutet für die Personalentwicklung, Kompetenzformate zu entwickeln, die Mitarbeitende an digitales Lernen heranführen.

2.4.1.2 Kommunikatives, auditives, visuelles und motorisches Lernen

Zu dieser Grundstruktur ziehen wir noch die Lerntypologie nach Frederic Vester hinzu, die uns weitere wertvolle Hinweise zur Aufbereitung der Lernmedien und Lehrmethoden geben soll (Vester, 1993: 40 f.). Frederic Vester unterscheidet ursprünglich in folgende Lerntypen: auditiv (durch Hören und Sprechen), optisch-visuell (durch Beobachtung und Experiment), haptisch (durch Anfassen und Fühlen) und abstrakt-verbal (durch den Intellekt).

Wir sprechen im Kontext der kompetenzorientierten Trainingsentwicklung jedoch nicht über Lerntypen, sondern über Lernpräferenzen und Lernpräferenztypen. Denn anders als Vester betrachten wir die Unterscheidung entlang der Rezeptionskanäle nur als eine von mehreren Komponenten, die im Zusammenhang mit der individuellen Lernpräferenz eine Rolle spielen. Auch können Präferenzen sich mit der Zeit ändern, während der Begriff „Lerntypen" suggeriert, dass es sich dabei um angeborene Persönlichkeitsmerkmale handelt.

▶   Auch die Hirnforschung hat in zahlreichen Untersuchungen festgestellt, dass es keine Lerntypen im klassischen Sinne gibt (Coffield et al., 2004). Lernen ist ein wesentlich komplexerer Vorgang, als wir uns das bisher vorstellen.

Ein häufiger Kritikpunkt an Vesters Typologie ist unter anderem die Vermischung unterschiedlicher Kriterien. Denn während sich drei der Kriterien (auditiv, optisch-visuelle und haptisch) auf die Rezeption des Lernstoffs beziehen, bezieht sich das vierte Kriterium (abstrakt-verbal) vornehmlich auf den Verarbeitungsprozess des Lernstoffs.

Seit Vesters erster Veröffentlichung wurden daher zahlreiche Varianten seiner Lerntypologie publiziert. Da uns die Typologie als Grundlage für eine Trainingsentwicklung dienen soll, in der Lernangebote digitale und analoge Lernmedien möglichst passgenau bereitgestellt werden, haben wir uns auf folgende Begrifflichkeiten festgelegt:

Kommunikative Lernpräferenz

Schauen wir uns zunächst den kommunikativen Lernpräferenztyp an: Dieser bevorzugt den Austausch mit anderen Personen. Durch Diskussionen und Gespräche mit anderen erschließen sich für diesen Lerntypus eine Reihe von Lerninhalten. Dieser Lernpräferenztyp fühlt sich grundsätzlich in der Gemeinschaft sehr wohl. Individuelles Lernen ist für diesen Lernpräferenztypus sehr mühsam und es bedeutet für ihn große Überwindung, für sich selbst allein zu lernen.

Auditive Lernpräferenz

Der auditive Lernpräferenztyp lernt bevorzugt auditiv und bevorzugt Podcasts, Hörbücher, das gesprochene Wort etc., unabhängig davon, ob in der Gemeinschaft oder allein für sich selbst. Bei Musikern*innen tritt dieser auditive Lernpräferenztyp vermehrt auf, da das Gehör eine wesentliche Rolle spielt und daher gut geschult wird.

Visuelle Lernpräferenz

Der visuelle Lernpräferenztyp hingegen lernt bevorzugt mithilfe von Filmen, Grafiken, Texten, eigenen Skizzen, etc., unabhängig davon, ob in der Gemeinschaft oder allein für sich selbst. Er hat eine große geistige Vorstellungskraft („vor dem inneren Auge") von Lerninhalten.

Motorische Lernpräferenz

Beim motorischen Lernpräferenztyp steht vor allen Dingen das haptische Erleben im Fokus des Lernens. Alles, was mit dem „selbst tun" zu tun hat, wie haptische Planspiele, Bauen, „Learning by doing", etc., bevorzugt der motorische Lernpräferenztyp. Kinder „begreifen" über diese Art des Lernens besonders schnell die Welt. Auch hier sagt der Lernpräferenztyp zunächst nichts darüber aus, ob dieser eher das Gemeinschaftslernen oder das individuelle Lernerlebnis bevorzugt.

2.4.1.3　Individuelle Lernpräferenzeinschätzung

Kennen Sie die verschiedenen Lernpräferenzen Ihrer Mitarbeitenden, sind Sie in der Lage, zielgruppengerechte Lernbausteine zu konzipieren. Aus unserer Sicht ist die Lernpräferenzeinschätzung daher ein grundlegendes Instrument der kompetenzorientierten Personalentwicklung, welche alle Mitarbeitenden und Führungskräfte in Ihrer Organisation bzw. Ihrem Unternehmen durchführen sollten. Aus der Analyse aller Lernpräferenzeinschätzungen erhalten Sie ein Gesamtbild, auf welche Art Ihre Mitarbeitenden lernen möchten.

► Bitte beachten Sie, dass es sich bei einer Lernpräferenzeinschätzung lediglich um eine subjektive Momentaufnahme handelt und sich die Lernpräferenzen Ihrer Mitarbeitenden mit der Zeit ändern können. Weiterhin ist wichtig anzumerken, dass die verschiedenen Lernpräferenzen sich nicht gegenseitig ausschließen müssen. Häufig treten Mischformen auf, oder die individuellen Präferenzen verlagern sich je nach Lerntaxonomie-Stufe.

Im Folgenden zeigen wir Ihnen eine beispielhafte Lernpräferenzeinschätzung anhand der oben genannten Kriterien (vgl. Abb. 2.6).

Eigene Lernpräferenzen Dimension 1: digital/analog/individuell/gemeinschaftlich	**Einschätzung**
Individuelles Lernen	**Erfüllungsgrad**
Ich lerne gerne für mich alleine, ohne angeleitet zu werden	O 0% O 20% O 40% O 60% O 80% O 100%
Ich lerne gerne alleine unter Anleitung	O 0% O 20% O 40% O 60% O 80% O 100%
Gemeinschaftliches Lernen	**Erfüllungsgrad**
Ich lerne gerne gemeinsam mit anderen, ohne angeleitet zu werden	O 0% O 20% O 40% O 60% O 80% O 100%
Ich lerne gerne gemeinsam mit anderen unter Anleitung	O 0% O 20% O 40% O 60% O 80% O 100%
Digitales Lernen	**Erfüllungsgrad**
Ich lerne gerne mit Hilfe von digitalen Endgeräten (z.B. Smartphone, Tablet, Laptop, PC)	O 0% O 20% O 40% O 60% O 80% O 100%
Ich lerne gerne mit Hilfe von Videokonferenztools (z.B. Teams, Zoom, etc.)	O 0% O 20% O 40% O 60% O 80% O 100%
Analoges Lernen	**Erfüllungsgrad**
Ich lerne gerne in Präsenzveranstaltungen (z.B. Seminare, Vorträge, etc.)	O 0% O 20% O 40% O 60% O 80% O 100%
Ich lerne gerne mit Hilfe von analogen Medien (z.B. Printmedien, Präsenzplanspiele, etc.)	O 0% O 20% O 40% O 60% O 80% O 100%

Abb. 2.6 Eine beispielhafte Lernpräferenzeinschätzung

Eigene Lernpräferenzen Dimension 2: auditiv/visuell/motorisch/kommunikativ	Einschätzung					
Kommunikative Lernpräferenz	**Erfüllungsgrad**					
Ich lerne gerne durch den gegenseitigen Austausch mit anderen	O 0%	O 20%	O 40%	O 60%	O 80%	O 100%
Ich bespreche mich gerne mit anderen über Lernlösungen	O 0%	O 20%	O 40%	O 60%	O 80%	O 100%
Auditive Lernpräferenz	**Erfüllungsgrad**					
Ich lerne gerne, indem ich zuhöre (z.B. Podcast, Vortrag, Videoton etc.)	O 0%	O 20%	O 40%	O 60%	O 80%	O 100%
Ich lerne gerne im Dialog mit anderen	O 0%	O 20%	O 40%	O 60%	O 80%	O 100%
Visuelle Lernpräferenz	**Erfüllungsgrad**					
Ich lerne gerne, indem ich mir etwas anschaue (z.B. Bilder, Grafiken, Bewegtbilder, etc.)	O 0%	O 20%	O 40%	O 60%	O 80%	O 100%
Ich lerne gerne, indem ich lese (Bücher, Tabellen, Texte, etc.)	O 0%	O 20%	O 40%	O 60%	O 80%	O 100%
Motorische Lernpräferenz	**Erfüllungsgrad**					
Ich lerne gerne mit Hilfe von haptischen Lernmitteln (z.B. Maschinen, Gegenständen)	O 0%	O 20%	O 40%	O 60%	O 80%	O 100%
Ich lerne gerne durch eigenes Ausprobieren	O 0%	O 20%	O 40%	O 60%	O 80%	O 100%

Abb. 2.6 (Fortsetzung)

In der Praxis wird es kaum möglich sein, sämtliche Lernformate so zu gestalten, dass alle Lernpräferenzen bedient werden können. Das muss auch nicht sein. Es geht vielmehr darum, dass die Personalentwicklung eine Grundorientierung für die Entwicklung der passenden Lernformate erhält.

2.4.2 Die digitalen IST-Kompetenzen erfassen

Kompetenzorientiertes Lernen entlang der Lernzieltaxonomie bedeutet u. a. das Einbinden digitaler Lerninhalte, vor allem in den Stufen 1 und 2 der Lernzieltaxonomie. Digitales Lernen ist spätestens seit Corona immer mehr auf dem Vormarsch. Das bedeutet aber auch, dass sowohl die Lernenden als auch die Personalentwicklung sich aufeinander zu bewegen müssen. Konkret heißt dies unter dem Anspruch kompetenzorientierten Lernens, dass einerseits digitales Lernen auf dem Kompetenzniveau der Lernenden stattfinden muss, andererseits die Lernenden auch bereit sein sollten, an ihren digitalen Kompetenzen zu arbeiten. Daher ist es notwendig, das Kompetenzniveau der Zielgruppe zu kennen und zu analysieren.

▶ **Unser Praxistipp**
Die digitale Kompetenzdiagnose sollten alle Mitarbeitenden in Form einer Selbst- und Fremdeinschätzung (z. B. durch die eigenen Führungskräfte) durchführen. Mithilfe der Ergebnisse aus der Analyse können dann die Lernbausteine entlang der Lernzieltaxonomie zielgruppengerecht entwickelt werden.

In Abb. 2.7 zeigen wir Ihnen ein Beispiel für eine digitale Kompetenzanalyse.

Mithilfe der digitalen Kompetenzanalyse in Verbindung mit der Lernpräferenzeinschätzung erhält die Personalentwicklung ein gutes Bild über digitale Kompetenzen sowie die Bedürfnisse der Lernenden als Grundlage für die Erstellung geeigneter Lernformate.

Eigene digitale Kompetenzen	Einschätzung					
Digitale Grundkompetenzen	**Erfüllungsgrad**					
Ich bin in der Lage, digitale Inhalte mithilfe von gängigen Office Programmen (z.B. Excel, Word, Powerpoint) zu produzieren	O 0%	O 20%	O 40%	O 60%	O 80%	O 100%
Ich bin in der Lage, für verschiedenste Anwendungen Mobiltelefone und Tablets zu nutzen	O 0%	O 20%	O 40%	O 60%	O 80%	O 100%
Ich kann mittels Suchmaschinen im Internet online nach Informationen suchen	O 0%	O 20%	O 40%	O 60%	O 80%	O 100%
Ich kenne die Online Kommunikationsregeln und wende sie entsprechend an	O 0%	O 20%	O 40%	O 60%	O 80%	O 100%
Ich bin in der Lage, mich in sozialen Netzwerken via Internet zu bewegen	O 0%	O 20%	O 40%	O 60%	O 80%	O 100%
Fortgeschrittene digitale Grundkompetenzen	**Erfüllungsgrad**					
Ich bin in der Lage, Cloud-Dienste zum Abspeichern von Daten in verschiedenen Formaten zu nutzen	O 0%	O 20%	O 40%	O 60%	O 80%	O 100%
Ich kann eigenständig Schutzmaßnahmen von Programmen und Geräten ergreifen (z.B. Passwörter ändern, Aktualisierungen durchführen)	O 0%	O 20%	O 40%	O 60%	O 80%	O 100%
Ich bin in der Lage, Inhalte mittels E-Kollaborationstools zu erstellen (z.B. Filesharing, Google Docs, Instant-Messenger)	O 0%	O 20%	O 40%	O 60%	O 80%	O 100%
Ich bin in der Lage, eigenständig Vorlagen für Tabellen und Tools zu erstellen und gegebenenfalls zu modifizieren (z.B. Masterfolien bei Powerpoint)	O 0%	O 20%	O 40%	O 60%	O 80%	O 100%
Das Einarbeiten in neue Software Programme fällt mir leicht	O 0%	O 20%	O 40%	O 60%	O 80%	O 100%
Professionelle digitale Grundkompetenzen	**Erfüllungsgrad**					
Ich beherrsche das neu eingeführte Unternehmens-Softwaresystem	O 0%	O 20%	O 40%	O 60%	O 80%	O 100%
Ich beherrsche für meine Tätigkeit erforderliche Spezial-Programme (je nach Tätigkeit, z.B. SAP, Photoshop, MS Project)	O 0%	O 20%	O 40%	O 60%	O 80%	O 100%
Ich bin in der Lage, in Programmiersprache zu arbeiten (z.B. BASIC, Java etc.)	O 0%	O 20%	O 40%	O 60%	O 80%	O 100%
Ich löse eigenständig digitale Probleme von Programmen und Geräten	O 0%	O 20%	O 40%	O 60%	O 80%	O 100%
Ich bin in der Lage Fehler in Programmen nachzuvollziehen und diese zu eliminieren	O 0%	O 20%	O 40%	O 60%	O 80%	O 100%

Abb. 2.7 Ein Beispiel für eine digitale Kompetenzanalyse

2.4.3 Lernmotivation der Zielgruppe

Gehen wir einmal davon aus, dass ein Gap zwischen Soll-Kompetenzen und Ist-Kompetenzen bei den Mitarbeitenden besteht. Dann konzentrieren wir uns häufig auf das *Können*. Aber wie sieht es mit dem *Wollen,* also der Motivation zum Lernen aus?

Solange die Lernmotivation hoch ist, werden kompetenzorientierte Weiterbildungsmaßnahmen in der Regel angenommen. Leider ist es nicht selbstverständlich, dass der Wille zum Lernen bei allen vorhanden ist. Denn *„Warum sollte ich etwas lernen, wenn ich später nicht bereit bin, das Gelernte in der Praxis anzuwenden?"*

Welche Faktoren beeinflussen die Lernmotivation?
In den vergangenen Jahrzehnten hat die Hirnforschung sich intensiv mit dem Zusammenhang zwischen *Motivation* und *Lernerfolg* befasst. Dabei wurden wesentliche Faktoren identifiziert, die für die Motivation der Lernenden und damit auch für ihren Lernerfolg entscheidend sind. Diese Erkenntnisse aus der Hirnforschung zum Thema „Lernen" sollten auf alle Fälle bei der didaktischen Ausarbeitung von Lerninhalten Berücksichtigung finden.

▶ **Unser Praxistipp**
Nutzen Sie die Erkenntnisse aus der Hirnforschung für die kompetenzorientierte Trainingsentwicklung, um die Motivation Ihrer Mitarbeitenden zu fördern.

Da uns diese Erkenntnisse so wichtig erscheinen, haben wir diesen ein eigenes Kapitel gewidmet. Sie finden in unserem Buch in Kap. 3 die zentralen Erkenntnisse zusammengefasst.

Hier die wichtigsten Faktoren für eine hohe Lernmotivation in Kurzform für Sie vorab:

- Neugierde
- Positive Emotionen
- Erfolgserlebnisse
- Bedeutsamkeit
- Erfahrungsbezug
- Freiwilligkeit

Wenn Sie all diese Faktoren bei der kompetenzorientierten Trainingsentwicklung zusätzlich zu den individuellen Lernpräferenzen berücksichtigen, stehen die Chancen gut, dass die Lernmotivation bei Ihren Mitarbeitenden hoch ist.

Was tun, wenn es an Motivation dennoch fehlt?
Mangelt es einzelnen Lernenden trotz allem an Motivation, bedarf es einer genauen Ursachenforschung, warum die Lernmotivation gering ist. Ursachen hierfür können sehr vielfältig sein. Einige Beispiele haben wir im Folgenden zusammengefasst:

- Versagensängste (vor allen Dingen bei Weiterbildungen mit Tests)
- Notwendigkeit wird nicht gesehen (keinen persönlichen Nutzen erkennbar)
- Schulungsinhalte werden als langweilig und zu theoretisch empfunden
- Lernende „möchten sich das nicht mehr antun"
- allgemeine Lustlosigkeit oder Bequemlichkeit
- Unvereinbarkeit von Fortbildungsreisen und Familie
- Angst vor zusätzlicher zeitlicher Belastung
- Angst davor, nach der Schulung einen neuen Job machen zu müssen
- Angst vor digitaler Weiterbildung

Motivationsmangel zu erkennen und daran etwas zu ändern, ist ein klassisches Führungsthema. Abb. 2.8 verbindet daher eine Matrix aus dem Faktor „Kompetenzen" und dem Faktor „Lernmotivation" mit möglichen Handlungsoptionen.

	Geringe Lernmotivation	Hohe Lernmotivation
Hohe vorhandene Kompetenz	• gemeinsame Ursachenforschung durchführen • interessante Lernangebote vorschlagen • Anreize schaffen • Nutzen argumentieren	• Stärkenorientiertes Kompetenztraining anbieten
Niedrige vorhandene Kompetenz	• gemeinsame Ursachenforschung durchführen • Zielvereinbarungen treffen • Anreize schaffen • Nutzen argumentieren	• kompetenzorientiertes Training zur Verbesserung der vorhandenen Ist-Kompetenzen anbieten

Abb. 2.8 Ablehnung von Weiterbildungsmaßnahmen

Egal, welche Gründe genannt werden bzw. dahinterstecken, ist es wichtig, dass die Führungskraft mit der*dem Mitarbeitenden gemeinsame Lösungen sucht. Wir wissen, dass niemand zur eigenen persönlichen Weiterentwicklung gezwungen werden kann. Wir wissen aber auch, dass Führungskräfte einen positiven Einfluss auf die Weiterbildungsbereitschaft ihrer Mitarbeitenden nehmen können, wenn sie es schaffen Bedenken ernst zu nehmen, gemeinsame Lösungen zu erarbeiten und Nutzen für die individuelle Weiterbildung zu stiften.

In Abb. 2.9 haben wir die bisherigen Erkenntnisse aus der Zielgruppenanalyse zusammengefasst.

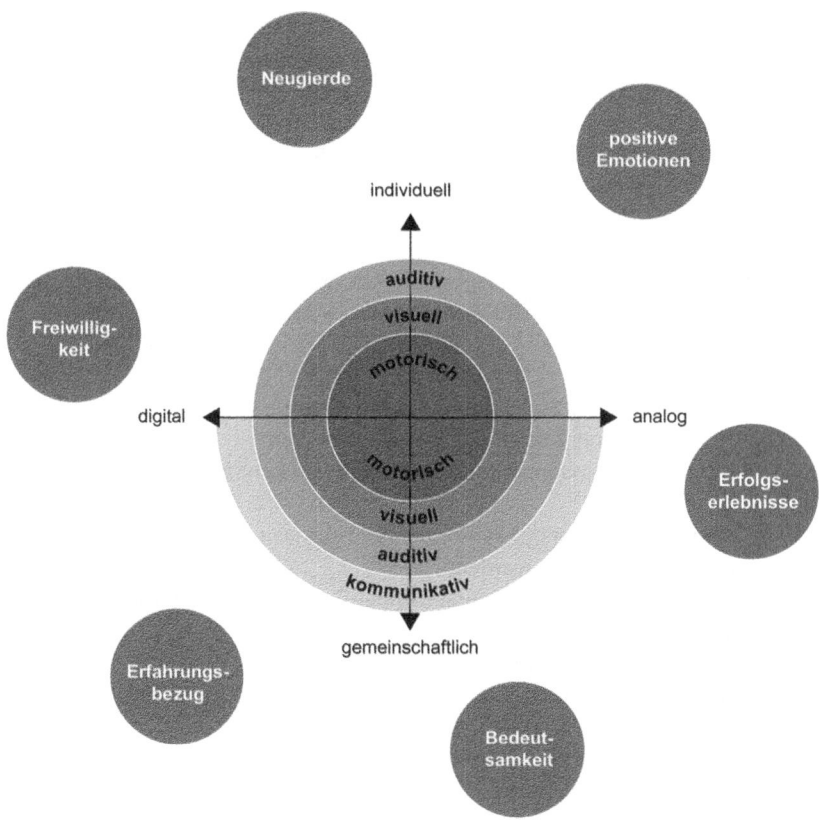

Abb. 2.9 Zusammenfassung der bisherigen Erkenntnisse der Zielgruppenanalyse

Diese Erkenntnisse greifen wir bei der Lernbaustein-Erstellung auf und leiten dann die notwendigen Schritte für die kompetenzorientierte Trainingsentwicklung ab.

2.5   Rahmenbedingungen klären

Der nächste wichtige Schritt ist die Klärung der Rahmenbedingungen Ihrer Trainingsentwicklung und -durchführung. Rahmenbedingungen bilden das formale Gerüst für die kompetenzorientierte Trainingsentwicklung.

Wie häufig sind Trainings daran gescheitert, dass im Vorfeld die Rahmenbedingungen nicht abgeklärt wurden? Wie häufig stand ich schon in Seminarräumlichkeiten, in denen beispielsweise der Beamer fehlte, obwohl der Trainerleitfaden diesen vorsah?

Banal? Fragen Sie gerne Ihre Trainer*innen, die schon fast alles erlebt haben und genügend improvisieren mussten.

▶ **Unser Praxistipp**
   Stellen Sie die richtigen Fragen zur Abklärung Ihrer Rahmenbedingungen. Eine beispielhafte Auswahl haben wir Ihnen zusammengestellt:

- Wie hoch ist der Budgetrahmen für den Lernbaustein?
- Wie hoch ist die Anzahl der Teilnehmer*innen?
- Auf welche Ressourcen (personell und technisch) kann ich zurückgreifen?
- Kann auf bestehende Plattformen, Lernsoftware, Filme, Lerninhalte etc. zurückgegriffen werden?
- Welche technischen Voraussetzungen bestehen bei den Lernenden?
- Wann soll der Lernbaustein fertig gestellt sein?
- Welche Vorerfahrung haben die Lernenden mit E-Learning und Webinaren?
- Wie soll eine valide Kompetenzmessung aussehen?
- Sind geeignete Lernorte vorhanden?
- In welcher Sprache sollen die Lerninhalte aufbereitet werden?
- Sind Lerninhalte für die richtige Zielgruppe ausgelegt?

- Wie wird der Betriebsrat in das kompetenzorientierte Lern-Konzept eingebunden (zustimmungspflichtig)?

Diese und ggf. weitere Fragen sollten immer im Zusammenhang mit der Erstellung einer kompetenzorientierten Trainingsentwicklung beantwortet werden. Je eindeutiger die Fragen beantwortet werden, desto höher ist die Wahrscheinlichkeit, dass Ihr kompetenzorientiertes Training ein Erfolg wird. Die Beantwortung der Fragen können in einer Checkliste eingetragen werden. Je nach organisatorischen Voraussetzungen sind solche Checklisten bereits in modernen Personalentwicklungsabteilungen vorhanden.

Für diejenigen, die noch nicht mit Checklisten arbeiten, geben wir Ihnen eine beispielhafte Checkliste mit an die Hand, die Ihnen hilft Ihr kompetenzorientiertes Lernkonzept zu strukturieren (vgl. Abb. 2.10).

Die ermittelten Rahmenbedingungen werden nach und nach verfeinert und bei der Erstellung der Lernbausteine mitberücksichtigt, um optimale Ergebnisse bei der Trainingsdurchführung erzielen zu können.

2.6 Lernumgebung analysieren und gestalten

Die bisherigen Erkenntnisse werden jetzt ergänzt um die äußeren Bedingungen des Lernens. Wir sprechen in diesem Zusammenhang von der „Lernumgebung".

Viele denken dabei möglicherweise zunächst an den Seminarraum des Lernenden. Jedoch gehören zur Lernumgebung auch die Lernmaterialien, Lernaufgaben sowie deren Gestaltung usw., gegebenenfalls auch im digitalen Raum.

Die Lernumgebung wird oftmals unterschätzt und findet daher kaum Beachtung bei der klassischen Personalentwicklung. Unser Ziel ist es, alle notwendigen Informationen für die Erstellung einer kompetenzorientierten Trainingsentwicklung zu generieren, um keine Abstriche bei der Qualität hinnehmen zu müssen. Im Folgenden finden Sie daher eine Auflistung von Faktoren, die Sie bezüglich der Lernumgebung berücksichtigen sollten:

1. *Neugier-Wecker:* Die Lernumgebung sollte so gestaltet sein, dass sich die Lernenden auf den Lernprozess konzentrieren können und nicht dauernd abgelenkt werden. Dazu gehört auch, dass bei den Lernenden zunächst grundsätzlich die Aufmerksamkeit für den Lerninhalt geweckt wird, beispielsweise mithilfe eines „Neugier-Weckers".

Lernbaustein	Lernvideo Fragetechniken		
Stufe Lernziel-taxonomie	Kennen und verstehen		
Budgetrahmen	15.000		
Anzahl Teilnehmer*innen	unbegrenzt		
Verfügbare personelle Ressourcen	1 externe*r Dienst-leister*in	1 interne*r Trainings-Entwickler*in	
Verfügbare technische Ressourcen	Highspeed Internet vorhanden	Laptops, Handys, Tablets vorhanden	Kamera, Headset, Mikrofon vorhanden
Organisatorische Ressourcen			
Zeitplanung	Ab 1. Juni soll Lernvi-deo auf Lernplattform eingestellt werden		
Vorerfahrungen mit E-Learning der TN	gut bis sehr gut		
Rückgriff auf	vorhandene Lernplattform		
Trainingsdauer	Wissensvermittlung digital: ca. 5 Min		
Valide Kompetenz-messung	Lernzielkontrolle durch ergänzende Quizfragen		
Geeignete Lernorte	Homeoffice	Arbeitsplatz	
Sprache	Deutsch		
Betriebsrats-Zustimmung	Ja	Betriebsrat wird eingebunden	

Abb. 2.10 Vereinfachte Beispiel-Checkliste „Rahmenbedingungen für die Trainingsent-wicklung"

2. *Anknüpfen an die Praxis der Lernenden:* Kompetenztrainings sollten sich an der realen Situation der Lernenden orientieren. Es findet eine viel schnel-lere Identifizierung mit dem Lerninhalt statt, wenn sich die Lernenden darin wiedererkennen.

3. *Schwierigkeitsgrad anpassen:* Vor allen Dingen sollte der Schwierigkeitsgrad an die Lernenden angepasst werden. Wird der Lernstoff als zu leicht empfun-den, stellt sich bei den Lernenden Langeweile ein. Wird der Lernstoff hingegen

als zu schwer empfunden, so fühlen sich Lernende schnell überfordert, was bei ihnen wiederum eine ablehnende Haltung hervorruft.

4. *Zeitliche und räumliche Anpassung der Lernumgebung:* Die Lernumgebung sollte, anders als bisher üblich, sowohl zeitlich als auch räumlich an die Lernbedürfnisse der Lernenden angepasst werden können. Wichtig ist dabei, dass die Lernumgebung so gestaltet wird, dass sie die Konzentration auf das Lernen fördert.

5. *Rückmeldungen an Lernende geben:* Es ist wichtig, dass die Lernenden Rückmeldungen für Ihren Lernfortschritt erhalten, um ggf. nachsteuern zu können.

6. *Kooperation zwischen den Lernenden ermöglichen:* Die Lernumgebung sollte so aufgebaut sein, dass Kooperationen zwischen den Lernenden entstehen und damit ein kommunikativer Austausch stattfinden kann. Wichtig ist die Schaffung einer entsprechenden Infrastruktur insbesondere im digitalen Raum, z. B. über Foren, Kollaborationstools, gemeinsamen Lernplattformen, Videokonferenzsysteme o. ä.

7. *Möglichkeit zum Vertiefen des Lernstoffs geben:* Eine praxisbewährte Methode zur Vertiefung von Lernstoffen ist kooperatives Lernen anhand von realen Projekten, sowohl unternehmensintern als auch unternehmensübergreifend.

8. *Sozialen Kontakt zwischen Lernbegleiter*innen und Lernenden fördern:* Der soziale Kontakt zwischen Lernbegleiter*innen und Lernenden sollte gefördert werden. Je höher das Vertrauen zwischen beiden Parteien ist, desto besser sind am Ende die Lernergebnisse.

9. *Bereitstellung aller notwendigen technischen Hilfsmittel:* Schließlich sollten den Lernenden alle notwendigen Lernmedien sowie alle wichtigen technischen Hilfsmittel zur Verfügung gestellt werden. Insbesondere Online-Seminare scheitern nicht selten daran, dass aufseiten der Lernenden Kameras, Mikrofone, schnelle Internetverbindungen etc. fehlen, die den Lernerfolg behindern.

Viele der oben genannten Punkte sind sehr individuell und auf die*den Einzelne*n bezogen. Es ist daher sinnvoll, die wesentlichen Anforderungen zur Lernumgebung abzuarbeiten und ggf. an die Bedürfnisse der Lernenden anzupassen, die sich in den individuellen Lernpfaden der Lernenden wiederfinden.

Einige der genannten Punkte werden wir im nächsten Schritt wieder aufgreifen und für die Lernbausteinentwicklung heranziehen.

2.7   Lernbausteine erstellen

Auf Basis aller bisher beschriebenen Schritte und Empfehlungen für eine kompetenzorientierte Trainingsentwicklung geht es nun um die Erstellung von Lernbausteinen.

Was verstehen wir unter einem Lernbaustein?
Ein Lernbaustein ist die Kombination eines Lerninhalts mit einer Lehrmethode und einem Lernmedium.

Beispiel

Ein Lernvideo mit dem Titel „Das Kommunikationsquadrat" ist ein Lernbaustein, dessen Lerninhalt das gleichnamige Kommunikationsmodell von Friedemann Schulz von Thun ist, welches über die Lehrmethode „digitales Selbststudium" und das Lernmedium „Video" vermittelt wird.◄

Wie erstelle ich einen kompetenzorientierten Lernbaustein?
In den Schritten 1–6 haben wir bereits die konkreten Trainingsbedarfe geklärt, die individuellen Lernpräferenzen und digitalen Kompetenzen der Mitarbeitenden ermittelt, die bestehenden Rahmenbedingungen betrachtet, Lerninhalte und Lernziele entlang der 5 Stufen der Lernzieltaxonomie abgeleitet sowie eine Gesamtübersicht erstellt.

In Schritt 7 geht es nun darum, die abgeleiteten Lerninhalte unter Einbezug der oben genannten Analyseergebnisse mit den passenden Lernmedien und Lehrmethoden zu Lernbausteinen zu kombinieren.

Da Abschn. 2.7 sehr umfangreich ist, hier ein kurzer Ausblick auf die Inhalte, die Sie erwarten:

1. Erweiterung der Gesamtübersicht um bestehende und zu entwickelnde Lernbausteine
Bevor Sie neue Lernbausteine entwickeln, sollten Sie Ihre Liste der zu trainierenden Lerninhalte mit bereits vorhandenen bzw. entwickelten Lernbausteinen abgleichen. Mit diesem Schritt können Sie sich eine Menge Zeit und Budget sparen.

2. Bestimmung und Vorauswahl der infragekommenen Lernmedien und Lehrmethoden
Hierzu geben wir Ihnen zunächst einen strukturierten Überblick über mögliche Lernmedien und Lehrmethoden unter Berücksichtigung der Kriterien Ihrer Zielgruppen-

und Rahmenbedingungsanalyse und geben Ihnen Tipps, welche Faktoren Sie bei deren Auswahl und Anwendung beachten sollten.

Aufgrund der Vielzahl bestehender Lernmedien und Lehrmethoden werden wir darauf verzichten, Ihnen diese vollständig aufzulisten und vorzustellen. Es gibt hierzu eine große Auswahl von Büchern und Materialien, die genau diese Lernmedien und Lehrmethoden vorstellen und beschreiben.

Wir greifen in unserem Buch stattdessen exemplarisch verschiedene Lernmedien und Lehrmethoden auf und geben Ihnen anhand einiger Beispiele die Grundprinzipien zur Gestaltung an die Hand, die für den erfolgreichen Einsatz kompetenzorientierter Trainingsentwicklung infrage kommen.

3. Ausarbeitung der Lerninhalte als trainierbare Lernbausteine
Im Anschluss daran gehen wir näher auf die inhaltliche Ausarbeitung der Lernbausteine ein. Dazu nutzen wir u. a. wissenschaftliche Erkenntnisse aus der Hirnforschung, Fernsehredaktionswissen sowie Praxiswissen zum Thema Lernen unter Berücksichtigung unterschiedlicher Lernpräferenzen bei den Lernenden.

Als Praxisbeispiele stellen wir Ihnen in diesem Zusammenhang 4 Vorlagen vor, mit denen Sie bei der Trainingsentwicklung arbeiten können:

- Erstellung eines Grobkonzepts (Exposé) für einen Lernbaustein
- Erstellung eines Feinkonzepts für einen Lernbaustein (Beispiel: Drehbuch)
- Erstellung eines Handouts (auf Basis eines Drehbuchs)
- Erstellung eines Trainerleitfadens für gemeinschaftliche Trainingsveranstaltungen

4. Erstellung von Kursen unter Integration der Lernbausteine
Hier erhalten Sie wichtige Tipps zur Erstellung kompetenzorientierter Kurse und Kurs-Exposés.

5. Freigabe und Pilotierung
Im letzten Unterkapitel erfahren Sie, was Sie bei der Erteilung der Freigabe und Pilotierung eines Lernbausteins beachten sollten.

2.7.1 Erstellung einer Gesamtübersicht über bestehende und zu entwickelnde Lernbausteine

Um einen guten Überblick über alle von Ihnen benötigten sowie eventuell bereits vorhandene oder zu überarbeitende Lernbausteine zu erhalten, gilt es zunächst, die in Schritt 2 angelegte Gesamtübersicht zu den Soll-Kompetenzen und den zugehörigen Lerninhalten (s. Abschn. 2.2.2), um die Kategorie „Lernbausteine" zu erweitern.

Hierfür empfehlen wir folgendes Vorgehen

- Ordnen Sie zunächst all Ihre bereits vorhandenen Lernbausteine – dies können manchmal auch ganze Kurse sein – den passenden *Lerninhalten* in Ihrer Gesamtübersicht zu.
- Legen Sie für jeden Lernbaustein einen eigenen Eintrag an und versehen Sie diesen mit der *Bezeichnung des Lernbausteins.*
- Geben Sie zu jedem Lernbaustein das zugehörige Lernmedium an, und ob es sich um einen *digitalen oder analogen* Lernbaustein handelt (z. B. „D" für digital und „A" für analog). Wurde ein und derselbe Lernbaustein mit unterschiedlichen Medien aufbereitet – beispielsweise als gedrucktes Buch und E-Book – können Sie diese auch in einem Eintrag zusammenfassen.
- Überlegen Sie, auf welche *Stufe der Lernzieltaxonomie* der Lernbaustein einzahlt, und versehen Sie den Eintrag mit einer entsprechenden Kennzeichnung (z. B. „1" für „Kennen", „2" für „Verstehen", „3" für „Anwenden").
- Erstellen Sie abschließend für jeden vorhandenen Lernbaustein ein Datenblatt in Form eines *Exposés* (s. Abschn. 2.7.3.1).

▷   Unser Praxistipp

Um zu erkennen, auf welche Stufen der Lernzieltaxonomie ein vorhandener Lernbaustein einzahlt, gleichen Sie den Lernbaustein mit Ihrer *Liste der Feinlernziele* ab (s. Abschn. 2.3.3.3).

- Die meisten Ihrer Lernbausteine werden auf die Stufen 1, 2 oder 3 einzahlen, da es sich bei den Stufen 4 und 5 der Lernzieltaxonomie um Transferieren und um selbstorganisiertes Lernen handelt, welches von außen in der Regel lediglich durch Coaching unterstützt wird.
- Je nach Lernbaustein kann es auch sein, dass dieser auf *mehrere Stufen* zugleich einzahlt (z. B. auf „Kennen" und „Verstehen", welche

beide dem Bereich „Wissen" zuzuordnen sind). Kurse oder Lernbausteine, die auf die Stufen 1, 2 und 3 gleichzeitig einzahlen, sollten
im Sinne der kompetenzorientierten Trainingsentwicklung möglichst in kleinere Einheiten zerlegt werden, um so die übergeord-
neten Themen „Wissen" und „Trainieren" trennscharf voneinander
abzugrenzen.

Abb. 2.11 zeigt ein Beispiel einer Gesamtübersicht mit bereits vorhandenen
Lernbausteinen.

Betrachten Sie nun die Gesamtübersicht bezüglich der Lernzieltaxonomie-
Stufen 1, 2 und 3 (Kennen, Verstehen und Anwenden), und stellen Sie sich
folgende Fragen:

1. Decken die gelisteten Lernbausteine sämtliche Feinlernziele ab, die zu den
   Lerninhalten formuliert wurden?
2. Welche der gelisteten Lernbausteine sollten aufgrund der Erkenntnisse aus
   Bedarfsanalyse, Zielgruppenanalyse und Analyse der Rahmenbedingungen
   überarbeitet werden?
3. Zu welchen der Lerninhalte fehlen noch Lernbausteine, damit die drei ersten
   Lernzieltaxonomie-Stufen vollständig abgedeckt sind?

Gehen Sie die Gesamtübersicht am besten Schritt für Schritt durch und beschäftigen Sie sich eingehend mit jedem gelisteten Lerninhalt. Dies beansprucht zwar
einige Zeit, bildet aber eine elementare Grundlage für Ihre kompetenzorientierte
Trainingsentwicklung:

- Fügen Sie Ihrer Gesamtübersicht Platzhalter für geplante oder bereits in
  Entwicklung befindliche Lernbausteine hinzu.
- Es kann dabei sein, dass mehrere Lernbausteine auf einer einzelnen
  Taxonomie-Stufe nötig sind. Umgekehrt kann ein einzelner Lernbaustein auf
  verschiedene Lerninhalte und Lernzieltaxonomiestufen einzahlen.
- Ordnen Sie Ihren Einträgen, je nach Entwicklungsstand, den Status „Vorhan-
  den", „In Bearbeitung" oder „Geplant" zu. Eine farbige Kennzeichnung (z. B.
  in Ampelfarben oder Grauabstufungen) erleichtert hier unter Umständen die
  Übersicht.

Abb. 2.12 zeigt ein Beispiel einer Gesamtübersicht mit vorhandenen, in Bearbeitung befindlichen und geplanten Lernbausteinen.

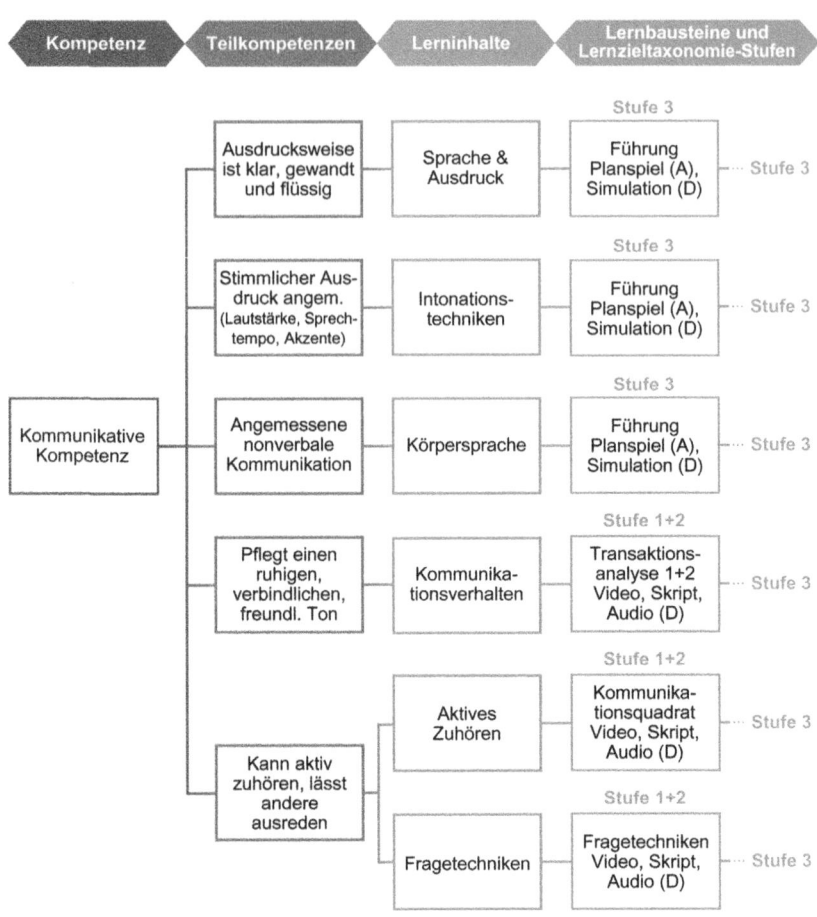

Abb. 2.11 Gesamtübersicht mit bereits vorhandenen Lernbausteinen (Beispiel)

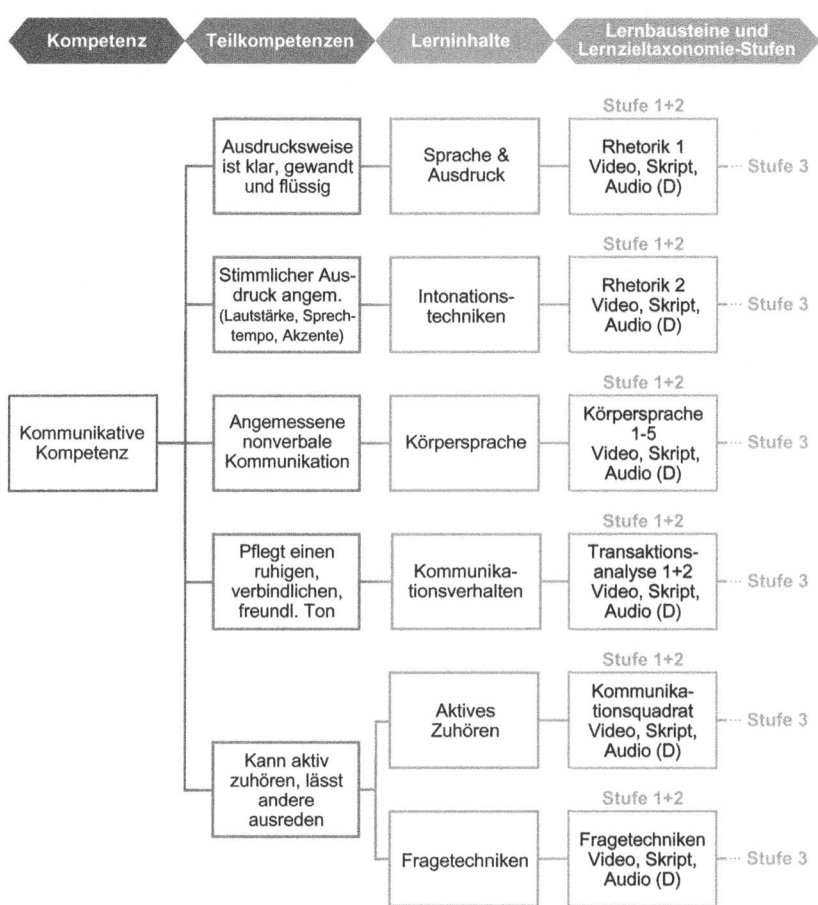

Abb. 2.12 Gesamtübersicht mit vorhandenen, in Bearbeitung befindlichen und geplanten Lernbausteinen (Beispiel)

2.7.2 Bestimmung und Vorauswahl der infrage kommenden Lernmedien und Lehrmethoden

Anhand Ihrer Gesamtübersicht konnten Sie erkennen, welche Lernbausteine für ein lückenloses kompetenzorientiertes Gesamtangebot noch entwickelt oder überarbeitet werden sollten. Aufgrund der Ergebnisse aus Ihrer Bedarfsanalyse sollten Sie nun priorisieren, mit welchen Neuentwicklungen oder Bearbeitungen Sie beginnen wollen.

Bei all Ihren Neuentwicklungen und Bearbeitungen gilt es zunächst festzulegen, wie Ihre Lerninhalte grundsätzlich aufbereitet werden sollen, also:

- mit welchen Medien
- mit welchen Lehrmethoden

Zunächst gilt es zu klären, welche Medien für Sie infrage kommen. Als Grundlage hierfür nutzen wir die in Schritt 5 erstellte Checkliste der Rahmenbedingungen (s. Abschn. 2.5) (vgl. Abb. 2.13).

In unserem gezeigten Beispiel bringen die meisten Lernenden gute bis sehr gute Vorerfahrungen im Umgang mit E-Learning-Inhalten mit.

Außerdem sind genügend technische Ressourcen (sowohl in der Organisation als auch bei den Lernenden) vorhanden, die es erlauben, digitale Lernmedien einzusetzen.

Diese wichtigen Informationen werden im weiteren Verlauf für die Lernbausteinentwicklung benötigt.

Weiterhin sollten Sie bei der Wahl von Lernmedien und -methoden die Ergebnisse Ihrer Zielgruppenanalyse berücksichtigen (s. Abschn. 2.4). Je genauer diese sind, desto besser sind Sie in der Lage, die optimalen Medien und Methoden für die kompetenzorientierte Trainingsentwicklung zu generieren, um diese ggf. auf den Einzelnen abzustimmen.

▶   **Unser Praxistipp**
    Binden Sie frühzeitig Lernende aus der Zielgruppe mit in die Entwicklung der Lernbausteine ein. Sie erhalten so von vorneherein wichtige und umfassende Informationen aus Perspektive der Lernenden. Das spart Ihnen Zeit und ggf. Geld für vermeidbare Nachentwicklungen von Lernbausteinen.

Lernbaustein	Lernvideo Fragetechniken		
Stufe Lernziel-taxonomie	Kennen und verstehen		
Budgetrahmen	15.000		
Anzahl Teilnehmer*innen	unbegrenzt		
Verfügbare personelle Ressourcen	1 externe*r Dienst-leister*in	1 interne*r Trainings-Entwickler*in	
Verfügbare technische Ressourcen	Highspeed Internet vorhanden	Laptops, Handys, Tablets vorhanden	Kamera, Headset, Mikrofon vorhanden
Organisatorische Ressourcen			
Zeitplanung	Ab 1. Juni soll Lernvi-deo auf Lernplattform eingestellt werden		
Vorerfahrungen mit E-Learning der TN	gut bis sehr gut		
Rückgriff auf	vorhandene Lernplattform		
Trainingsdauer	Wissensvermittlung digital: ca. 5 Min		
Valide Kompetenz-messung	Lernzielkontrolle durch ergänzende Quizfragen		
Geeignete Lernorte	Homeoffice	Arbeitsplatz	
Sprache	Deutsch		
Betriebsrats-Zustimmung	Ja	Betriebsrat wird eingebunden	

Abb. 2.13 Checkliste mit Markierung der infrage kommende Lernmedien (Beispiel)

Nun gilt es, auf Grundlage der Ergebnisse aus Rahmenbedingungs- und Ziel-gruppenanalyse geeignete Medien und Methoden mit den Lerninhalten zu verknüpfen.

2.7.2.1 Lernmedien
Bei Lernmedien handelt es sich im Allgemeinen um Kommunikationsmittel, die zur Vermittlung von Lerninhalten verwendet werden. Generell werden Lern-medien in analoge und digitale Medien unterschieden. Werden beide Medien kombiniert, spricht man von hybriden Lernmedien.

Analog zu den Lernpräferenztypen (s. Abschn. 2.4.1), unterscheiden wir weiter zwischen auditiven und visuellen Lernmedien, aus deren Kombination sich die audiovisuellen Medien ergeben, sowie zwischen Lernmedien zur individuellen oder gemeinschaftlichen Nutzung.

Nach dieser generellen Klassifizierung geben wir Ihnen Tipps aus unserer praktischen Erfahrung zur Gestaltung, technischen Erstellung und didaktischen Aufbereitung insbesondere digitaler Lernmedien, deren Entwicklung für viele Unternehmen noch immer Neuland bedeutet.

2.7.2.1.1 Analoge Lernmedien

Viele klassische Lernmedien sind in der Zeit des analogen Lernens entstanden. So ist es auch nicht verwunderlich, wenn uns diese Lernmedien nach wie vor sehr vertraut sind.

Typische Beispiele für analoge Lernmedien sind

- Lehrbücher
- Fachzeitschriften
- Handouts
- Planspiele
- Testbögen
- Karteikarten
- Flipchart
- Moderationswand
- etc.

Ein Vorteil vieler analoger Medien ist, dass diese – anders als die meisten digitalen Medien – auch motorische Lernpräferenztypen ansprechen. Das Wort „Begreifen" kann hierbei sogar wörtlich genommen werden. Dies gilt insbesondere für interaktive analoge Lernmedien, wie beispielsweise brettbasierte Planspiele, „Lego Serious Play" oder andere spielerische Tools. Trotzdem tun sich immer noch viele Unternehmen schwer, spielerische Lernmittel in analogen Trainings einzusetzen. Die Argumente ähneln sich hierbei immer wieder: *„Erwachsene spielen doch nicht"*, oder *„Das ist doch nur etwas für Kinder"*.

Aus der Lernforschung wissen wir jedoch, dass die hervorgebrachten Argumente völlig unbegründet sind. Im Gegenteil: Spielerisches Lernen ist eine der effektivsten Methoden auch in der Erwachsenenbildung. Was glauben Sie, warum uns die Natur das „Spielen" geschenkt hat? Die meisten anerkannten Hirnforscher*innen können Ihnen dies bestätigen (Spitzer, 2009).

Analoge Medien, vor allem Bücher, wurden schon vor Jahren totgesagt. Es heißt auch, dass *„Totgesagte länger leben"*. Es geht hier also nicht darum, ob digitale oder analoge Medien besser sind. Es geht vielmehr um die Frage, welches Medium für Ihr zielgruppenspezifisches, kompetenzorientiertes Lernkonzept am besten geeignet ist.

2.7.2.1.2 Digitale Lernmedien

Bisher waren analoge Lernmedien beim kompetenzorientierten Lernen meist im Vorteil, weil eine gleichwertige digitale Aufbereitung entweder technisch noch nicht möglich oder schlichtweg zu teuer war.

Doch in den vergangenen Jahren hat die Digitalisierung und damit auch das digitale Lernen stark an Fahrt aufgenommen, und viele analoge Lernmedien wurden durch digitale Formate ergänzt oder ersetzt.

Beispiele für digitale Lernmedien sind

* Lernvideos
* Online-Simulationen
* Lern-Apps
* Podcasts
* Hörbücher
* etc.

Im digitalen Bereich wird mit dem Begriff „Lernmedium" oft auch das Format bzw. die technische Umgebung bezeichnet, auf welcher die oben genannten Lernmedien genutzt werden, z. B.:

* Lernplattformen
* Web Based Trainings (WBT)
* Computer Based Trainings (CBT)
* Web Based Collaboration
* etc.

Auch wenn viele Menschen dem Trend zum digitalen Lernen skeptisch gegenüberstehen, gibt es für diese Entwicklung auch zahlreiche gute Gründe. Der Einsatz von digitalen Lernmedien ist nicht mehr aufzuhalten, weil

* digitale Medien eigenständiges, zeitlich und räumlich flexibles Lernen fördern.
* dezentrale Teams gemeinsam auf Distanz trainieren können.

- wir aufgrund der rasanten technischen Entwicklung immer mehr digitale Medien nutzen und diese den meisten von uns jederzeit zur Verfügung stehen.
- bei ausreichender Internetverbindung problemlos auf Lernplattformen zugegriffen werden kann, auf denen eine Vielzahl von Lernmedien zur Verfügung stehen.
- immer mehr analoge Lernmedien digital aufbereitet werden.
- Handy- und Tablet-Nutzung dem digitalen Lernen weitreichende Möglichkeiten eröffnen.
- die reale Welt immer besser digital abgebildet werden kann.

▶ Es ist also keine Frage mehr, *ob* wir digitale Medien bei der Konzeption von Trainingskonzepten berücksichtigen sollten, sondern *welche* digitalen Medien für welche Lernziele und Zielgruppen sinnvoll sein könnten.

2.7.2.1.3 Hybride Lernmedien

Aber auch digitale Lernmedien sind in der Lage, haptische Elemente mit einzubeziehen. Wenn wir beispielsweise an Flugsimulatoren denken, dann sind sowohl digitale als auch haptische Elemente im Einsatz. Und auch Medien wie Planspiele können digitale und haptische Elemente verbinden, wenn beispielsweise komplexe Planungen am Laptop durchgeführt werden, während die Auswirkungen dieser Planungen gemeinsam am Spieltisch erlebt werden (vgl. Abb. 2.14).

Zudem eröffnet die Digitalisierung für Lernmedien komplett neue Möglichkeiten, um motorisches Lernen auch in der digitalen Welt zu realisieren. Wir denken hierbei beispielsweise an Lernen mit 3D-Brillen, die immer häufiger in der Fertigung zum Einsatz kommen. Wenn wir genug Datenvolumen und eine ausreichende Internetgeschwindigkeit erzielen, werden Medien wie Hologramme, KI-gestützte Anwendungen oder Lernroboter für Erwachsene bald schon zu unserem Lernalltag gehören. Hierzu müssen wir uns allerdings noch etwas gedulden.

▶ **Unser Praxistipp**
Wie häufig scheitert digitales Lernen bereits daran, dass sich Lernmedien gar nicht erst öffnen lassen, da zunächst diverse Installationen getätigt werden müssen. Auch kann es passieren, dass solche Installationen durch die IT-Sicherheit des Unternehmens oder der Organisation nicht zugelassen werden, oder es wird schlichtweg vergessen, den Lernenden die aktuellen Zugangsdaten zukommen zu lassen.

Abb. 2.14 Hybrides Planspieltraining am Beispiel „Air Stratega", Schirrmacher GmbH

Weiterhin wissen wir aus unserer Praxis heraus, dass eine Reihe von Lernenden sich auf Plattformen einfach nicht zurechtfinden, da eine für sie nachvollziehbare, intuitiv erfassbare Struktur fehlt. Bei Plattformen gibt es häufig sog. „wenn – dann" Beziehungen in Verbindung mit verschiedenen Ebenen: Wenn beispielsweise die Lerneinheit Y abgeschlossen wurde, finden die Lernenden auf einer anderen Ebene die anschließende Lerneinheit Z. Es gibt aber keinen Hinweis darauf, wie die andere Ebene gefunden wird usw. Fragen Sie Ihre Lernenden! Sie geben Ihnen wertvolle Hinweise auf solche typischen Strukturprobleme bei den Lernplattformen.

Gleichzeitig steigen die technischen Anforderungen an Lernmedien. Bei Lern-Apps beispielsweise besteht eine Anforderung darin, dass die Apps auf allen handelsüblichen Endgeräten verschiedenster Generationen funktionieren müssen, damit alle Lernende orts- und zeitunabhängig Lernen können. Das kann für die Entwickler eine echte Herausforderung sein. Wer eine Lern-App einmal entwickelt hat, weiß wovon wir hier reden. Haben Sie beispielsweise gewusst, dass

Apps, die im Apple App Store veröffentlicht werden, zuvor einer komplexen Prüfung unterzogen werden? Und dass es keine Möglichkeit gibt, Apps für iOS-Geräte auf einem anderen Weg den Nutzern zur Verfügung zu stellen? Dabei können schnell zusätzliche Kosten entstehen, die oftmals nicht eingeplant wurden. Wir möchten Sie nicht entmutigen, digitale Lernmedien zu entwickeln bzw. zu nutzen. Unser Anliegen ist es vielmehr, eine realistische Zeit- und Kosteneinschätzung für die geeigneten Medien im Vorfeld vorzunehmen.

2.7.2.1.4 Auditive, visuelle und audiovisuelle Lernmedien

Lernmedien werden weiterhin in auditive (z. B. Hörbücher, Hörspiele, Podcasts), visuelle (z. B. Texte, Bilder, Diagramme, Infografiken) und audiovisuelle Medien (z. B. Videos, Online-Simulationen) unterschieden. Im Rahmen der kompetenzorientierten Trainingsentwicklung ist dies insofern relevant, als je nach Medium visuelle oder auditive Lernpräferenztypen angesprochen werden. Im Falle von audiovisuellen Medien werden sogar beide Lernpräferenztypen gleichzeitig bedient.

Diese Unterscheidung sagt zunächst nichts darüber aus, ob die Medien digital oder analog sind. In der Regel werden auditive und audio-visuelle Lernmedien heutzutage aber in digitaler Form aufbereitet, während visuelle Lernmedien oft sowohl in analogem als auch in digitalem Format angeboten werden (z. B. als Lehrbücher und E-Books, Print- oder PDF-Handouts). Dies ist insofern relevant, als für die jeweilige Darbietungsform unterschiedliche Rahmenbedingungen erforderlich sind.

2.7.2.1.5 Individuelle und gemeinschaftliche Lernmedien

Im Rahmen der kompetenzorientierten Trainingsentwicklung sollte weiterhin unterschieden werden, ob ein Lernmedium für individuelles oder für gemeinschaftliches Lernen konzipiert wird. Beispiele für individuelle Lernmedien sind Bücher, Podcasts, Karteikarten oder Selbstlernspiele. Beispiele für gemeinschaftliche Lernmedien sind Planspiele bzw. Simulationen, Rollenspiele, Outdoor-Trainings, Videokonferenzen usw.

Für die Wahl der geeigneten Medien spielen hier nicht nur Zielgruppenanalyse und Rahmenbedingungen eine wichtige Rolle, sondern auch die jeweiligen Kompetenzstufen, die trainiert werden sollen: Handelt es sich um eine der beiden unteren Stufen der Lernzieltaxonomie, bei denen es vor allem um Wissen und kognitives Verstehen geht, bieten vor allem individuelle Lernmedien zahlreiche Vorteile, wie die zeitliche und räumliche Flexibilität der Lernenden oder die Anpassung an deren individuelles Lerntempo.

Sollen hingegen die Kompetenzstufen 3 und 4 trainiert werden, in denen es um die Anwendung und den Transfer von erlerntem Wissen geht, so eignen sich hierfür naturgemäß in erster Linie gemeinschaftliche Lernmedien wie Planspiele, Simulationen (Anwendung) oder Web-Based-Collaboration-Projekte (Transfer). Da Kompetenzstufe 5 (Selbstorganisation) vor allem auf Social Workplace Learning abzielt, brauchen hierfür in der Regel keine eigenen Lernmedien entwickelt werden. Umso wichtiger sind hier jedoch gute Rahmenbedingungen für kollaboratives Arbeiten.

▶ Für einen Überblick, wann welche Lernmedien in welcher Weise sinnvoll eingesetzt werden sollten, rufen wir uns das nachstehende Schaubild in Erinnerung, welches wir bereits aus dem Abschn. 2.4.3 kennen. Die Lernpräferenzanalyse bildet hierzu eine gute Grundstruktur zur Auswahl der geeigneten Lernmedien für Ihre Zielgruppe (vgl. Abb. 2.15).

2.7.2.1.6 Gestaltung von Lernmedien

Durch die mehr oder weniger ansprechende Gestaltung der Lernmedien kann sehr stark Einfluss auf die Motivation der Lernenden genommen werden.

Wir wissen, dass Schönheit im Auge des Betrachters liegt, doch es gibt auch bei Lernmedien ästhetische Trends, die nicht ignoriert werden sollten. Denken Sie beispielsweise an Filme aus den 1990er Jahren. Können Sie sich noch an die viel zu großen Kleidungstücke und die Föhnfrisuren der Schauspieler*innen erinnern? Jetzt denken Sie z. B. an Lehrfilme, die noch aus dieser Zeit stammen, zurück. Wir haben bei uns noch einige im Archiv liegen. Diese wirken heutzutage antiquiert, und wir nehmen die Lerninhalte dann möglicherweise nicht für voll.

Das gleiche gilt für visuelle Medien wie PowerPoint-Präsentationen, die noch aus den 2000er-Jahren stammen. Diese sind nicht mehr zeitgemäß. Trotzdem gibt es eine Reihe von Dozenten*innen, vor allem auch im universitären Bereich, die seit vielen Jahren ihre Präsentationsunterlagen nicht verändert haben.

Auch bei der Gestaltung von auditiven und audiovisuellen Lernmedien gilt diese Regel, denn auch Sprache und Ansprache ändern sich im Laufe der Zeit. Die Wortwahl aus den 1980er-Jahren ist mit der Wortwahl von heute nicht mehr vergleichbar. Beispielsweise spielt die gendergerechte Sprache mittlerweile eine bedeutsame Rolle. Auch gewisse Formulierungen, die als rassistisch oder

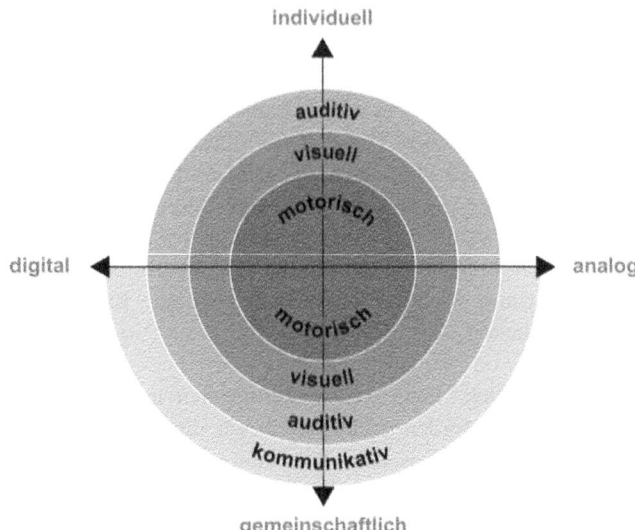

Abb. 2.15 Lernpräferenzanalyse als Grundstruktur zur Auswahl der geeigneten Lernmedien für Ihre Zielgruppe

sexistisch ausgelegt werden können, sind heute tabu. Wir sind in den letzten Jahrzehnten viel sensibler im Umgang mit der Sprache geworden, was sich auch bei den Lernmedien widerspiegeln sollte.

Zudem wird viel mehr Wert auf das Sprechtempo, die Tonalität, kurze Satzlänge, richtige Pausensetzung, Variation der Lautstärke, Betonung von Kernbotschaften und die Deutlichkeit der Aussprache gelegt.

▶   Grundsätzlich gilt: Je mehr Wert Sie auf eine zeitgemäße, qualitativ hochwertige Gestaltung der Lernmedien legen, desto höher ist die Chance, dass deren Inhalte von den Lernenden positiv aufgenommen und verinnerlicht werden.

2.7.2.1.7 Technische Erstellung von digitalen Lernmedien

Wir stehen immer noch relativ am Anfang bei der Entwicklung von neuen und innovativen Lernmedien, im Gegensatz zu den klassischen Lernmedien. Oft sind diese in ihrer technischen Erstellung vergleichsweise teuer. Zudem verursacht die Nutzung solcher Lernmedien teilweise ein hohes Datenvolumen, sodass auf Nutzerseite und/oder Anbieterseite große Internet-Bandbreiten erforderlich sind. Dies gilt insbesondere für interaktive Medien mit einem hohen Maß an Bewegtbildinformationen, wie z. B. 3D-Formate oder Simulatoren.

Zudem ist es wichtig, dass Lernmedien nutzerfreundlich bedienbar sind. Oft ist es sinnvoll, dass digitale Lernmedien in komplexe Gesamtsysteme, wie z. B. in Lernplattformen, eingebunden sind. Trotzdem sollte es möglich sein, dass die Lernenden auch ohne Informatikstudium in der Lage sind, sich in solchen Systemen zurechtzufinden. Die einfache Bedienbarkeit sollte der Anspruch eines jeden Lernmediums sein!

Viele digitale Lernmedien, wie Lernvideos, Podcasts, WBTs etc., sind technisch mittlerweile ausgereift. Es gibt hierzu immer mehr professionelle Anbieter*innen auf dem Weiterbildungsmarkt. Zusätzlich werden mehr und mehr Tools angeboten, die bei der Erstellung solcher Lernmedien hilfreich sind. Es gibt beispielsweise für Lernfilme anwenderfreundliche Animationsprogramme, die Ihnen helfen, eigene Filme zu gestalten.

► **Unser Praxistipp**

- Lernmedien sollen einfach bedienbar sein, für Lernende genauso wie für Trainer*innen
- Für komplexere Lernmedien sollte eine Bedienungsanleitung bzw. ein Tutorial erstellt und verfügbar gemacht werden
- Alle Lernmedien sollten zeitgemäß und qualitativ hochwertig gestaltet sein

Berücksichtigen Sie bei der Erstellung der Lernmedien die nutzerseitigen Rahmenbedingungen.

2.7.2.1.8 Didaktische Aufbereitung von Lerninhalten für digitale Lernmedien

Eine weitere, fast noch bedeutungsvollere Herausforderung ist die didaktische Aufbereitung der Lerninhalte für die digitalen Lernmedien. Corona hat die Schwächen dieser didaktischen Aufbereitung sichtbar gemacht. Nach dem ersten Lockdown im Jahr 2020 hat sich Panik bei den meisten Seminaranbietern und Personalentwicklern breit gemacht, nach dem Motto: *„Wir müssen die digitale Lernwelt erobern, egal wie"*.

Der Grundfehler liegt in der Annahme die „analoge" Lernwelt in die „digitale" Lernwelt 1:1 transformieren zu können, was leider so nicht funktioniert. Zum einen wirken viele Trainer*innen zwar vor Publikum im Präsenztraining, jedoch nicht als Moderator*innen von Lernvideos vor der Kamera. Hierzu bedarf es Fernseh- bzw. Videomoderations-Kompetenzen, welche die wenigsten Laien mitbringen. Wir wirken oft steif, unbeweglich, ängstlich vor der Kamera, unsere Mimik friert buchstäblich ein. Wenn dann vor laufender Kamera versucht wird, mithilfe eines Flipcharts im Hintergrund Lerninhalte zu erklären, hört für die Lernenden der Spaß oft auf. Sie können mir eines glauben: Ich weiß, wovon ich spreche! Mir ist das Talent eines guten Fernsehmoderators leider auch nicht in die Wiege gelegt worden. Stellen Sie sich vor, dass die Lernenden sich dies individuell und freiwillig antun sollen!

Die didaktische Aufbereitung von Lerninhalten, vor allem, wenn es um Videos oder Podcasts geht, ist vergleichbar mit der redaktionellen Erstellung von Fernseh-Wissensmagazinen. Wir sprechen in dem Zusammenhang auch von der „Sendung mit der Maus für Erwachsene". Die meisten von uns – vor allem immer mehr Jüngere – sind auf Streamingdiensten wie Netflix, Amazon Prime, etc. unterwegs und schauen sich neben klassischen Filmen und Serien auch immer mehr Dokumentationen an. Was auffällig ist: Diese Dokumentationen werden cool gemacht, die Inhalte sind unterhaltsam und spannend aufbereitet.

Hand aufs Herz: Können Sie sich an einen richtigen guten Lehrfilm erinnern, der unterhaltsam, kurzweilig und vielleicht ein wenig spannend und witzig aufbereitet wurde? Nein? Oder vielleicht doch an den einen oder anderen? Wundern Sie sich also nicht, wenn Ihre Lernenden sich gegen diese bisherige Art der Didaktik wehren.

Die Lösung? Wir hatten diese bereits erwähnt: Orientieren Sie sich bei der Erstellung digitaler Lernmedien an den Profis oder nutzen Sie professionelle Unterstützung. Alternativ können Sie auch auf bestehende Angebote professioneller Anbieter zurückgreifen, wenn diese zu Ihren Lernzielen passen und die oben beschriebenen Qualitätsanforderungen erfüllen.

Wenn Sie jetzt die genannte Lösung noch um die Erkenntnisse aus der Hirnforschung ergänzen, haben Sie alle wichtigen Rahmenbedingungen für die ansprechende Gestaltung von digitalen Lernmedien zusammen:

▶   **Unser Praxistipp**

- Machen Sie Ihre Lernenden neugierig auf das Lernmedium und dessen Lerninhalt.
- Erzeugen Sie – am besten positive – Emotionen durch die Art der Aufbereitung.

- Überfordern Sie Ihre Lernenden nicht, sonst besteht die Gefahr des „Abschaltens" (*„Ich schaffe das eh nicht"*).
- Umgekehrt sollten Sie die Lernenden nicht unterfordern, da schnell Langeweile einkehren kann.
- Achten Sie bei Ihren Lernmedien darauf, dass sie tatsächlich auf die einzelnen Stufen der Lernzieltaxonomie einzahlen.
- Sorgen Sie für methodische Abwechslung innerhalb der Lernmedien.
- Bringen Sie den Erfahrungsbezug der Lernenden mit in das Lernmedium ein.
- Arbeiten Sie mit „Storytelling".
- Bereiten Sie die Lernmedien möglichst so auf, dass die Lernenden aktiviert werden und aus ihrer Konsumhaltung herauskommen. Digitale Lernmedien eignen sich hervorragend dafür, interaktive Handlungen einzubeziehen.
- Ermöglichen Sie häufige Erfolgserlebnisse bei den Lernenden. Welcher Art diese sind, kann von Lernmedium zu Lernmedium allerdings sehr stark variieren.
- Holen Sie Redakteur*innen zur Aufbereitung Ihrer Lernmedien in Ihr Team.
- Nutzen Sie professionelle Sprecher*innen und Moderator*innen.
- Ziehen Sie bei der didaktischen Aufbereitung der Lernmedien Vertreter*innen Ihrer Zielgruppe zu Rate.

Kompetenzorientierte Trainingsentwicklung heißt grundsätzlich: Fokussierung der Weiterbildung auf die*den Einzelnen und deren*dessen Lernbedürfnisse. Doch ist es realistisch, dass Sie die Trainingsentwicklung bei der Mediengestaltung tatsächlich auf die persönlichen Lernpräferenzen Einzelner fokussieren können?

Das wäre der Idealfall. Wenn dies aus verschiedenen Gründen nicht möglich ist, sollten Sie zumindest aus der größten Schnittmenge aller Lernenden einen Lernbaukasten erstellen, aus denen sich die Einzelnen bedienen können.

Aber egal, wie Sie Ihre Lernmedien aufbereiten und präsentieren, letztendlich sind es die Lernenden, die entscheiden, ob sie die Lernangebote annehmen und ggf. weiterempfehlen oder auch nicht. Denn *„Der Köder muss dem Fisch schmecken, nicht dem Angler!"*.

▶ Übrigens: Haben Sie gewusst, dass spätestens nach 3 min die Konzentration nachlässt und das Gehirn entscheidet, ob es bereit ist, sich

Abb. 2.16 QR-Code zum
Lernvideo
„Transaktionsanalyse – Ich-
Zustände" der Schirrmacher
GmbH, Youtube-Kanal der
Schirrmacher GmbH

weiter mit dem Medium zu beschäftigen, oder nicht? Es sei denn,
das Gehirn sagt sich: Wow, spannend, das Thema interessiert mich,
ich bin neugierig, ich finde es unterhaltsam.

Als „Best Practice-Beispiel" hier abschließend ein in unserem Hause erstelltes
Lernvideo, bei dem wir uns bemüht haben, sämtliche oben genannten Faktoren
umzusetzen (vgl. Abb. 2.16).

2.7.2.2 Lehrmethoden

Neben den Lernmedien spielen Lehrmethoden eine wesentliche Rolle für den
Erfolg des kompetenzorientierten Lernens. Beide sind eng miteinander verbunden, da beide sich gegenseitig bedingen und beeinflussen. Zunächst gehen wir
genauer auf ausgewählte Arten von Lehrmethoden ein. Anschließend werden wir
die Lernmedien mit den Lehrmethoden verknüpfen.

Wenn wir von Lehrmethoden sprechen, gehen wir davon aus, dass es sich
dabei um das Verfahren des Lehrens handelt.

Klassische Beispiele können hierfür sein

- Gruppenarbeit
- Einzelarbeit
- Vortrag
- Rollenspiel
- Planspiel*Simulation
- Fallanalyse
- Projektarbeit
- Demonstration
- Präsentation
- Kamingespräch
- etc.

In den letzten Jahrzehnten sind zahlreiche neue Lehrmethoden entstanden, die das Lernen noch abwechslungsreicher machen.

Moderne Beispiele können hierfür sein

- Working Out Loud (WOL)
- Barcamp
- Learning Journey
- World Cafe
- etc.

Wir sind in unserer eigenen langjährigen Bibliothek die bekanntesten Lehrmethoden durchgegangen und sind uns sicher, dass die meisten Lehrmethoden unsere Teilnehmer*Innen grundsätzlich zum Lernen aktivieren. Vorträge, bei denen die Lernenden nur zuhören müssen, sind mittlerweile eher selten geworden.

Es ist nicht Ziel des Buches, Ihnen alle denkbaren Lehrmethoden vorzustellen und diese zu beschreiben. Wir werfen vielmehr einen grundsätzlichen Blick darauf, welche Anforderungen an Lehrmethoden gestellt werden, die auf kompetenzorientiertes Lernen einzahlen.

Wie bereits in den letzten Kapiteln erwähnt, findet das eigentliche „Trainieren" von Kompetenzen in der Regel ab der Stufe 3: „Anwenden" der Lernzieltaxonomie statt. Das macht den Unterschied zum wissensbasierten Lernen aus. Viele bestehende Lehrmethoden zahlen leider hauptsächlich auf die ersten beiden Lernzielstufen „Kennen" und „Verstehen" ein, sprich auf die Wissensvermittlung.

Machen wir das an einem konkreten Beispiel fest. Die bekannteste und – neben dem klassischen Frontaltraining – mit am häufigsten eingesetzte Lehrmethode kennen wir alle: Die Gruppenarbeit! In Kleingruppen erarbeiten die Lernenden Lösungen zu Aufgabenstellungen und präsentieren diese anschließend im Plenum. Natürlich findet bei Gruppenarbeiten auch der Erfahrungsaustausch statt. Aber aufgepasst! Erfahrungsaustausch darf nicht mit „trainieren" verwechselt werden und zahlt daher nur indirekt auf kompetenzorientiertes Lernen ein. Das ist genau der Punkt, der häufig von Expert*innen kritisiert wird: Dass wir nur eine Wissensgesellschaft statt einer Kompetenzgesellschaft aufbauen (Arnold & Erpenbeck, 2014).

Gruppenarbeit ist nur dann für kompetenzorientiertes Lernen sinnvoll, wenn in der Gruppe entsprechend trainiert und nicht nur darüber geredet wird. Bei körperlichen Trainings wird uns jede*r zustimmen. Bei klassischen Verhaltenstrainings sieht das immer noch anders aus. Aber wir kommen noch darauf zu sprechen.

Auch bezüglich der Lernpräferenztypen gelten ab Lernzieltaxonomie-Stufe 3 besondere Bedingungen. Bei einem Rollenspiel etwa sind sowohl auditive (das gesprochene Wort) und visuelle (Wahrnehmung von Mimik und Gestik) Lernkanäle mit involviert. Eine klare Abtrennung von Lehrmethoden auf diese Lernpräferenztypen ist ab der Stufe „Anwenden" daher sehr schwierig und aus unserer Sicht nicht zielführend. Für uns erscheint es daher logischer, sowohl die horizontale Ebene mit „gemeinschaftlich" und „individuell" als auch die vertikale Ebene mit „analog" und „digital" näher zu betrachten.

2.7.2.2.1 Der Einsatz von Lehrmethoden beim gemeinschaftlichen Lernen

Der Vorteil beim gemeinschaftlichen Lernen liegt zweifellos im Erfahrungsaustausch zwischen den Lernenden untereinander und im sich gegenseitig Feedback geben. Der Nachteil besteht darin, dass einzelne Lernende sich in der Gruppe gerne auch „verstecken".

Eingesetzte Lehrmethoden sollten daher nur zu einem geringen Teil auf den Erfahrungsaustausch abzielen. Dieser kann, je nach Setting, in den Pausen oder am Abend nach dem Essen stattfinden. Hierzu können Kaminabende organisiert werden, die genau diesen Erfahrungsaustausch untereinander fördern. Grundsätzlich sind Lehrmethoden zu bevorzugen, die das individuelle Üben auch in der Gemeinschaft fördern, wie Vortragsübungen, Gesprächsübungen, Entscheidungsübungen im Rahmen von Planspielen, Fallübungen etc. Diese Lehrmethoden sind überwiegend im Rahmen der Lernzieltaxonomie-Stufe 3: „Anwenden" zu finden.

▶ **Unser Praxistipp: Einzelübungen in der Gemeinschaft**
Beim gemeinschaftlichen Lernen sollte jede*r einzelne Lernende die Gelegenheit nutzen, für sich individuell zu üben. Bei einer Gruppe von 12 Lernenden heißt das, 1–2 Übungssequenzen pro Person. Wenn beispielsweise ein professionell gestaltetes Rollenspiel mit Vorbereitung, Durchführung und Feedback ca. 1 h dauert, kommen wir schnell an Zeitlimits, die bei der kompetenzorientierten Trainingsentwicklung immer mitberücksichtigt werden müssen.

In diesem Zusammenhang schlagen wir Übungssequenzen in Kleingruppen vor, die selbstgesteuert agieren. Das heißt aber auch, dass wir die Lernenden zu Beginn des Trainings zu guten Beobachtenden befähigen müssen. Auch das sollte in der Trainingsentwicklung inhaltlich und zeitlich mitberücksichtigt werden.

In Abschn. 2.7.2.2.6 schauen wir uns exemplarisch den Einsatz von gemeinschaftlichen Lehrmethoden am Beispiel der „sozialen und persönlichen Kompetenzen" aus unserem Katalog der Grundkompetenzen näher an.

2.7.2.2.2 Der Einsatz von Lehrmethoden beim individuellen Lernen

Beim kompetenzorientierten Trainieren kommen wir, wie bereits erwähnt, um „individuelles Üben" nicht herum. Es reicht eben nicht aus, nur „über etwas zu reden". Die Lehrmethoden sollten so gestaltet sein, dass „Trainieren" tatsächlich stattfinden kann. Natürlich besteht dabei immer die Gefahr, dass Lernende sich unwohl fühlen, sogar schämen, wenn sie (vor allem vor anderen Personen) etwas üben sollen oder wenn sie beobachtet werden. Genau an dieser Stelle kommt individuelles Lernen für sich allein ohne Trainer*in schnell an seine Grenzen.

• Wer ist der*die Sparringspartner*in?
• Wer kann qualifiziertes und wertschätzendes Feedback für die Übungseinheiten geben?
• Wer kann konkrete Hilfestellungen geben, sich zu verbessern?

Wir sind bereits im letzten Kapitel auf verschiedene gemeinschaftliche Lehrmethoden eingegangen. Bei einer Reihe der aufgezeigten Lehrmethoden bedarf es Sparringspartner*innen, die beispielsweise als Rollenspieler*in oder Feedbackgeber*in zur Verfügung stehen. Dieser Sachverhalt sollte bei der Auswahl und Ausarbeitung der geeigneten Lehrmethoden mitberücksichtigt werden. Dabei spielen die Trainer*innen eine entscheidende Rolle. Denken Sie dabei beispielsweise an das Training im Sportbereich. Es bedarf einer Person, die in der Lage ist, ggf. Feedback und Korrekturmöglichkeiten anzubieten.

Individuelles Trainieren setzt vor allem voraus, dass Trainingseinheiten immer wieder wiederholt werden und so eine stetige Verbesserung bewirken. Dabei spielt es eine wichtige Rolle, dass die Lernergebnisse gemessen werden können. Ein *Gefühl* der Verbesserung reicht hier nicht aus. Die Frage lautet vielmehr: An was mache ich den Lernerfolg am Ende einer Lerneinheit fest?

Individuelles Lernen setzt auch eine hohe Lernmotivation voraus. Bei geringer Lernmotivation ist es umso wichtiger, dass die eingesetzten Lehrmethoden für die Lernenden interessant gestaltet werden, sodass der „Lernturbo" anspringen kann. Am Ende des Kapitels fassen wir die wichtigsten Anforderungen an geeignete Lehrmethoden zusammen.

Während sich der*die Einzelne beim gemeinschaftlichen Lernen eher verstecken kann, ist die Gefahr des Versteckens beim individuellen Lernen mit

Trainer*in nicht gegeben, es sei denn, das Trainieren wird beispielsweise grundsätzlich verweigert.

2.7.2.2.3 Der Einsatz von Lehrmethoden beim analogen Lernen

Analoges Training ist uns bisher am besten vertraut. Der Großteil der Lehrmethoden wurde ursprünglich für analoges Training entwickelt. Da wir uns bisher hauptsächlich in einer analogen bzw. „realen" Welt befinden, spricht nichts dagegen die meisten bekannten Lehrmethoden einzusetzen.

Achten Sie aber immer darauf, dass ab der Lernzieltaxonomie-Stufe 3: „Anwenden" nur noch diejenigen Lehrmethoden infrage kommen, die wirklich das „Trainieren" fördern. Hierzu zählen insbesondere interaktive Lehrmethoden, wie Rollenspiele, Planspiele, Simulationen, Übungssequenzen etc.

2.7.2.2.4 Der Einsatz von Lehrmethoden beim digitalen Lernen

Inzwischen sind die meisten ursprünglich analog entwickelten Lehrmethoden digital angepasst und verfügbar. Wie bereits erwähnt, schreitet die Digitalisierung in der Weiterbildung mit ganz großen Schritten voran, sodass die bisherigen Vorbehalte und Argumente gegen digitales Trainieren immer mehr verstummen. Machen wir das an einem Beispiel fest:

Beispiel

Durch immer mehr Homeoffice-Lösungen und dezentrale Teams werden wir immer weiter gezwungen, Mitarbeitendengespräche digital zu führen. Was sollte also dagegensprechen, wenn wir diese Gespräche auch als im Rahmen von digitalen Rollenspielen trainieren?

Mittlerweile gibt es sogar unsere bisher überwiegend haptischen Verhaltensplanspiele als 3D-Online-Simulationen. Kompetenzorientierte digitale Trainings sind somit in der Lage, rein haptische Planspiele abzulösen (vgl. Abb. 2.17).◄

Dabei ist wichtig, dass die Lernenden zum einen aus der Beobachtenden- und Konsument*innenrolle herauskommen, und zum andern das „Üben" gefördert wird. Doch selbst wenn beides berücksichtigt wird, ist das noch kein Garant für eine nachhaltige Verhaltensänderung, wenn der persönliche Wille zur Verhaltensänderung fehlt.

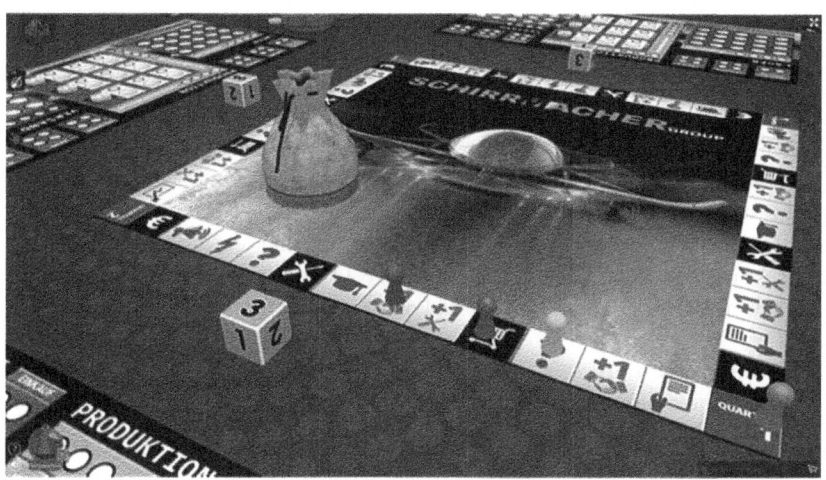

Abb. 2.17 Beispiel-Screenshot einer 3D-Online-Simulation der Schirrmacher GmbH, Schirrmacher GmbH

2.7.2.2.5 Geeignete Lehrmethoden für das Training von Grundkompetenzen

Um eine weitere Sichtweise auf geeignete Lehrmethoden zu erhalten, haben wir uns intensiver mit den Grundkompetenzen beschäftigt. Hierbei suchten wir nach grundlegenden Lehrmethoden, die auf das Training von Grundkompetenzen direkt einzahlen.

2.7.2.2.6 Soziale und persönliche Kompetenz (Herz)

Das erste Beobachtungskriterium bilden die „sozialen und persönlichen Kompetenzen" (HERZ) aus unserem Katalog der Grundkompetenzen. Als Teilkompetenzen gehören dazu:

- Kommunikative Kompetenz
- Kontaktfreude/Begeisterungskraft
- Teamkompetenz
- Konfliktkompetenz

Die sozialen und persönlichen Kompetenzen werden mithilfe des beobachtbaren Verhaltens gegenüber Dritten sichtbar und sind somit auch gut trainierbar. In der Lernzieltaxonomie-Stufe 3, der „Anwendung" (experimentelles Training), geht es

z. B. um das „Kommunikationstraining". Hierzu eignen sich u. a. „Rollenspiele". Da aber bei vielen Lernenden der Begriff „Rollenspiel" verpönt ist, sprechen wir gegenüber unseren Seminarteilnehmer*innen gerne von „Gesprächssimulationen". Auch wenn Sie jetzt darüber schmunzeln, der Begriffstausch funktioniert tatsächlich in der Praxis.

Rollenspiele müssen weder abgedroschen noch langweilig sein. Es kommt darauf an, wie man sie angeht und was man daraus macht. Sie haben immer die Möglichkeit, Rollenspiele in andere Settings mit einzubauen, wie z. B. im Rahmen von Planspielen. Hier nur einige Ideen, um Gesprächssimulationen (Rollenspiele) abwechslungsreicher und attraktiver zu machen:

▶ **Unser Praxistipp**
Verändern Sie Ihre Settings:

- spontan im Kreis mit den Lernenden
- mit wechselnden Rollen während eines Rollenspiels
- mit Rollenspielunterbrechungen (Coach gibt Praxistipps während des Rollenspiels)
- Trainer*in spricht eine*n Lernende*n in einer Rolle spontan am Platz an
- ein Rollenspiel wird im Rahmen eines Planspiels durchgeführt
- Rollenspiel im Rahmen einer Talkrunde (mehrere Lernende diskutieren wie in einer Talksendung im Fernsehen) zu bestimmten Themen
- Theaterinszenierung, bei der die Lernenden in bewusst unterschiedliche Rollen schlüpfen

Die Rollenspieldurchführung ist das eine, die Bewertung durch den*die Trainer*in und die anderen Teilnehmenden etwas ganz anderes. Wenn wir wissen, welche Kompetenzen trainiert werden, sollten wir auch darauf das Augenmerk beim Rollenspiel lenken. Die Gefahr besteht, dass wir und die Lernenden beim Feedback schnell in eine inhaltliche Diskussion abdriften. *„Er hat dies oder jenes gesagt, sie hat das oder jenes geantwortet".* Um genau dieses zu verhindern, gibt es auch hier eine praxisorientierte Lösung:

▶ **Unser Praxistipp**

- Machen Sie sich im Vorfeld des Anwendungstrainings bewusst, welche Kompetenzen trainiert werden sollen.

- Teilen Sie die Lernenden vor dem Rollenspiel als Beobachtende in Gruppen auf.
- Weisen Sie jeder Gruppe eine zu beobachtende Kompetenz zu.

Dies hat zum einen den Vorteil, dass Sie eine gute Feedbackstruktur erhalten, und zum anderen, dass die Beobachtenden sich wirklich auf die zu beobachtenden Kompetenzen konzentrieren.

Bleiben Sie konsequent in dieser Feedbackstruktur, vor allen Dingen, wenn Ihre Teilnehmenden gerne in grundsätzliche Diskussionen mit entsprechenden Rechtfertigungen abschweifen.

Natürlich sind Rollenspiele nur eine von mehreren Möglichkeiten, soziale und persönliche Kompetenzen zu trainieren. Es gibt auch weitere probate Lehrmethoden, welche auf diese Kompetenzen einzahlen können.

Gerade die Kommunikationskompetenz ist eine der zentralen Kompetenzen, die nach außen hin sofort sichtbar wird. Dazu zählt, neben der sprachlichen Rhetorik, u. a. auch die körpersprachliche Rhetorik. Spontan fallen hierzu Vorträge und Präsentationen ein, die Lernende üben können.

Dies muss aber nicht immer klassisch erfolgen, indem ein*e Lernende*r ein Thema vorbereitet und dieses Thema präsentiert. Sie können Stegreifreden durchführen (der*die Lernende erhält auf einer Karte ein Thema, nach einer Vorbereitungszeit von 30 s wird der Vortrag durchgeführt), Pantomime-Übungen, usw.

Die eine oder der andere von Ihnen wird das bestimmt kennen und denken: Was für ein alter Hut. Doch uns geht es nicht darum, das Rad neu zu erfinden, sondern vielmehr darum, ein Bewusstsein für Trainingsmethoden zu schärfen, welche direkt auf das Trainieren von Kompetenzen einzahlen.

2.7.2.2.7 Einfluss (Hand)

Das zweite Einteilungskriterium der Grundkompetenzen ist der Bereich „Einfluss (HAND)" mit seinen Teilkompetenzen:

- Initiative/Entschlusskraft
- Überzeugungskraft/Durchsetzungsvermögen
- Selbstvertrauen/Belastbarkeit

Im Bereich „Einfluss (Hand)" geht es darum, wie die Lernenden sich selbst sehen und was sie sich selbst zutrauen. Für Außenstehende wird der „Einfluss" in der Hauptsache durch Äußerungen und Verhalten der Lernenden sichtbar.

Um hier Lernerfolge zu erzielen, bedarf es oft Impulse von außen, welche die Selbstreflexion der Lernenden anregen.

▶ **Unser Praxistipp**
Wir empfehlen, das Bewusstsein der Lernenden zunächst auf sich selbst zu lenken. Ein geeignetes Instrument kann hierfür „Feedback" sein. Die Lernenden sollten ein gutes Gespür für sich selbst, die eigenen Stärken, aber auch die eigenen Schwächen entwickeln. Hierzu ist es hilfreich, eine Person (z. B. Coach, Trainer*in) an der Seite zu haben, welche den Lernenden Feedback gibt und sie entsprechend unterstützt.

Erst eine realistische Fremd- und Selbsteinschätzung hilft den Lernenden ihre Kompetenzen zu optimieren. Ein weiteres Instrument ist das „Stellen von offenen Fragen", das den Lernenden helfen soll, sich selbst besser zu reflektieren.

Zusätzlich bedarf es Lehrmethoden, die das Selbstvertrauen und die Belastbarkeit der Lernenden stärken. Nutzen Sie hierfür aktivierende Lehrmethoden, die schnelle Lernerfolge fördern. Diese sollten nicht zu komplex sein und sehr kurzgehalten werden. Beispiele hierfür sind kurze rhetorische Sprachübungen mit unterschiedlichen Schwierigkeitsgraden, die auf Karten o.ä. vorbereitet sind. Es gibt unendlich viele Übungen, die Sie über Bücher, Internet etc. finden können.

2.7.2.2.8 Sachqualität (Kopf)
Schauen wir uns nun das dritte Beobachtungskriterium „Sachqualität (KOPF)" und die dazu gehörigen Teilkompetenzen näher an:

• Analytisches Denken
• Selbstmanagement
• Lern-/Selbstreflexionskompetenz

Im Rahmen der „Sachqualität" geht es im Wesentlichen darum, wie sich die Lernenden selbst organisieren, ob und wie sie Entscheidungen treffen, wie sie an Themen herangehen und wie sie handeln. Hierbei helfen klassische Rollenspiele, bei denen hauptsächlich Verhalten gegenüber Dritten trainiert wird, nur bedingt weiter, da nicht alle Kompetenzen zur Sachqualität sichtbar werden.

▶ **Unser Praxistipp**

Nutzen Sie Simulationen, Planspiele oder Fallarbeiten. All diese Methoden bilden vereinfachte Realitäten ab, die mit Stories (Storytelling) hinterlegt sind. Gute Simulationen sind in der Lage, Situationen abzubilden, bei denen die Lernenden ihre Entschlusskraft, ihr strategisches und analytisches Denken trainieren können. Sie werden animiert eigenständig zu planen und Entscheidungen zu treffen. Anschließend werden die Auswirkungen dieser Planungen und Entscheidungen simuliert, um die Konsequenzen aufzuzeigen. Wenn die Planspiele dabei an die Realität der Lernenden anknüpfen, zahlen sie sehr stark auf den „Erfahrungsbezug" ein, den die Hirnforschung als einen der Garanten für erfolgreiches Lernen identifiziert hat.

Darüber hinaus empfehlen wir Ihnen weitergehende Lehrmethoden, welche das Selbstmanagement trainieren. Wir denken hierbei z. B. an Methoden wie „World Café", „Bar Camp" oder „Working Out Loud (WOL)".

Weitere wichtige Methoden sind selbstbestimmte Übungen, die mit mehreren anderen Lernenden nach einem bestimmten Schema bewältigt werden. In der Regel sind dies Praxisprojekte bzw. Projektarbeiten, die initiiert werden.

2.7.2.2.9 Geeignete Lehrmethoden für das Training von fachlichen Kompetenzen

Während sich für Grundkompetenzen einige allgemeingültige Aussagen bezüglich geeigneter Trainingsmethoden treffen lassen, kommt es bei fachlichen Kompetenzen explizit darauf an, was genau trainiert werden soll.

Wenn beispielsweise ein*e Programmierer*in eine neue Programmiersprache lernen soll, geschieht das durch das „tun": Das Programmieren in dieser neuen Sprache. Da es unendlich viele fachlichen Kompetenzen gibt, können wir hier keine generellen Empfehlungen für die richtigen Lehrmethode geben. Wichtig hierbei ist, „üben", „üben" und nochmals „üben".

Seien Sie daher ruhig kreativ bei der Entwicklung oder Auswahl Ihrer kompetenzorientierten Lehrmethoden. Achten Sie darauf, dass jede*r einzelne Lernende ausreichend Gelegenheit bekommt seine*ihre Kompetenzen zu trainieren.

Bei den meisten fachlichen Kompetenzseminaren ist „Trainieren" (Anwenden) gut möglich:

- Methodentrainings (Anwendung von Methoden)
- Produkttraining (Ausprobieren von Produkten in der Anwendung)

- Fachtrainings (Verkaufstrainings)
- etc.

Wir stellen immer wieder fest, dass Lernende die zu erlernenden Arbeitsmethoden (z. B. Fischgrätendiagramm als Problemlösungstool, Kanban oder Scrum als agile Projektmanagement-Methoden) gerne selbst in ihrer Anwendung ausprobieren. Das gleiche gilt auch für Produkt- oder Fachtrainings. Produkte beispielsweise können vorgeführt und durch die Lernenden ausprobiert werden, die Bedienung von Fahrzeugen, Flugzeugen oder Maschinen mithilfe von Simulatoren geübt werden.

Innerhalb der Lernzieltaxonomie Stufen „Transferieren" und „Selbstorganisieren" sollten jetzt Lehrmethoden eingesetzt werden, die helfen sollen, Kollaborationsumgebungen und soziale Netzwerke aufzubauen. Es geht darum sich untereinander inhaltlich auszutauschen und gemeinsam an Projekten zu arbeiten, um Kompetenzen aufzubauen. Hierzu kommen Methoden wie die WOL-Methode (Working Out Loud), wie Barcamps usw.

▶   Alle diese „New-Learning"-Methoden haben etwas Verbindendes: Bei konsequenter Anwendung verändert sich das Mindset der Einzelnen. Der*die Einzelkämpfer*in hat beim New-Learning keine Chance mehr, sondern die Gemeinschaft, die es zulässt, dass alle an der Arbeits- und Erfahrungswelt teilhaben.

▶   **Unser Praxistipp**
Führen Sie Ihre Lernenden behutsam an diese neuen Methoden heran. Überfordern Sie Ihre Lernenden nicht. Denken Sie bitte daran, dass es noch viele „Einzelkämpfer" in Organisationen und Unternehmen gibt, die in „ich" und nicht in „wir" denken!
Beginnen Sie in Bereichen, wie Software-Entwicklung, F+E Abteilungen, die gemeinschaftlich an Projekten arbeiten. Probieren Sie diese neuen „New-Learning Methoden" aus, sammeln Sie Erfahrungen und steuern Sie als Personalentwicklung im Hintergrund.

2.7.2.3 Der gemeinsame Einsatz von Lernmedien und Lehrmethoden

Obwohl wir in den letzten Absätzen Lernmedien und Lehrmethoden für kompetenzorientiertes Lernen getrennt voneinander behandelt haben, hängen Lernmedien sehr stark von Lehrmethoden ab und umgekehrt. Es gibt Lehrmethoden, die digitale Lernmedien benötigen, andere wiederum schließen digitale Lernmedien aus, wiederum andere sind sowohl digital als auch analog umsetzbar. Eine trennscharfe Abgrenzung der Begrifflichkeiten ist dabei oft nicht möglich, da in der Sprachpraxis zahlreiche Begriffe mit unterschiedlichen Bedeutungen belegt werden und sich bislang keine allgemeingültige Klassifizierung etabliert hat.

Abb. 2.18 soll die benannten Zusammenhänge anhand ausgewählter Beispiele veranschaulichen. Die mittlere Schnittmenge des Schaubildes verdeutlicht, wie teilweise ein und derselbe Begriff sowohl ein Medium als auch eine Methode bezeichnen kann.

Im Rahmen der kompetenzorientierten Trainingsentwicklung ist für Sie in diesem Zusammenhang wichtig, dass Sie sowohl die Frage nach einem geeigneten Medium als auch die nach einer geeigneten Methode zur Erreichung Ihrer Lernziele bewusst berücksichtigen.

Beachten Sie bei der Auswahl der Lernmedien und Lehrmethoden möglichst die folgenden beiden Regeln.

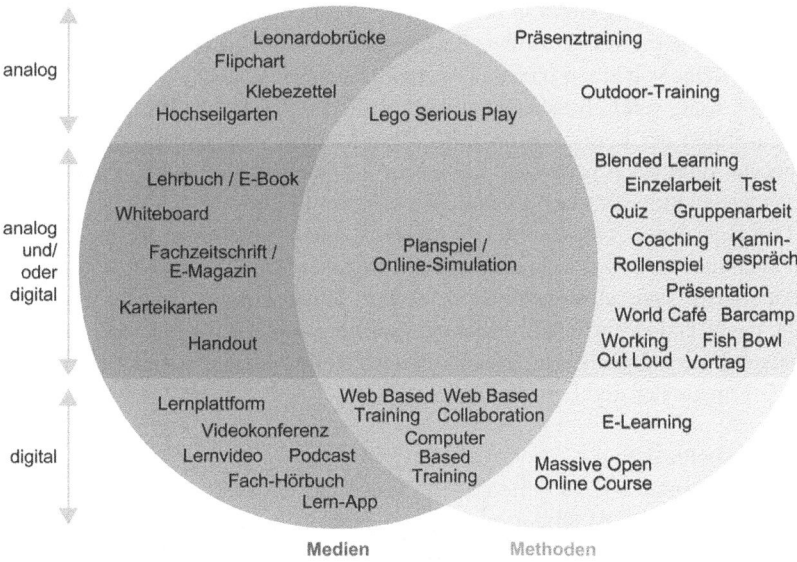

Abb. 2.18 Lernmedien und Lehrmethoden. (Eigene Darstellung)

Regel 1

Denken Sie bei der Suche nach geeigneten Lernmedien und Lehrmethoden an die unterschiedlichen Lernpräferenzen Ihrer Lernenden.

Machen Sie daher möglichst vielseitige Angebote. Wir wissen aus der Praxis heraus, dass nicht immer alle Lernpräferenzen berücksichtigt werden können. Dies kann finanzielle, zeitliche, technische oder auch organisatorische Gründe haben. Gehen Sie offensiv mit solchen Angebotslücken um und suchen Sie gemeinsam mit Ihren Lernenden nach Lösungen.

Regel 2

Orientieren Sie sich bei Lernmedien und Lehrmethoden an den verschiedenen Stufen der Lernzieltaxonomie.

In den ersten beiden Stufen der Lernzieltaxonomie geht es, wie bereits mehrfach erwähnt, im Schwerpunkt um Wissensvermittlung. Dort können Sie größere Freiheitsgrade beim Einsatz von Lernmedien und Lehrmethoden nutzen und eher auf die Lernpräferenzen der Lernenden eingehen.

In der Stufe 3

„Anwenden" sind die Grenzen beim Einsatz von Lernmedien und Lehrmethoden wesentlich enger gesteckt, da hier „Trainieren" fast wörtlich zu nehmen ist. Damit fällt eine Reihe von klassischen Lehrmethoden bereits heraus.

Den Einsatz von Lernmedien und Lehrmethoden wurde von uns für die letzten beiden Stufen der Lernzieltaxonomie, „Transferieren" und „Selbstorganisieren", bisher nur rudimentär behandelt. Klassische Lernmedien und -methoden kommen in den letzten Stufen kaum bis gar nicht mehr zum Einsatz.

Das liegt daran, dass sowohl die Art des Lernens sich immer mehr verändert und auch die Methoden sich entsprechend anpassen. Der Trend geht in Richtung kollaboratives und selbstorganisiertes Lernen. Hinzu kommt, dass die bisherige Rolle des*r Trainer*in sich in Richtung Coaching verändert. Ein Coach begleitet Praxisprojekte aus einer eher zurückhaltenden Rolle heraus. Entsprechend ändern sich Lehrmethoden und Lernmedien.

> **Unser Praxistipp**
>
> Selbstorganisiert zu lernen heißt, flexibel zu denken und auszuprobieren, so wie es Kinder mithilfe von „Spielen" tun. Es bedarf hierfür hoch kooperative Methoden, wie beispielsweise „Working out Loud (WOL)" – eine Methode, die davon lebt, dass Wissen und Erfahrung kontinuierlich geteilt, anderen zugänglich gemacht und gemeinsam reflektiert und genutzt werden.

Lernziel-taxonomie	Kennen	Verstehen	Anwenden	Transfe-rieren	Selbst-organisieren
Trainingsart	• E-Learning	• E-Learning Webinar (Präsenz-training)	• Präsenz-training • E-Learning / Simula-tionen	• Präsenz-coaching • Online-coaching • Praxis-simulation	• Kollabo-ratives und selbstorga-nisiertes Lernen mit temporärem Coaching • Projekt-arbeit in der Praxis

Abb. 2.19 Empfohlener Aufbau von kompetenzorientiertem Training im Rahmen der Lern-zieltaxonomie

Über eine solche Art des Lernens werden die Lernenden in die Lage versetzt, sich selbstorganisiert zurechtzufinden. Dabei laufen Lernmedien und Lehrmethoden im Hintergrund eher mit. Diese wer-den dort flexibel eingesetzt, wo sie unterstützen und nicht hemmen.

In Abb. 2.19 sehen Sie unsere grundsätzliche Empfehlung, wie kompetenzorien-tiertes Training im Rahmen der Lernzieltaxonomie aufgebaut sein kann.

Das Schaubild bildet nur eine grundsätzliche Empfehlung ab, die sich je nach Thema und Situation verändert darstellen kann. Unsere Empfehlung geht davon aus, dass die Zielgruppe sowohl technisch als auch bezüglich ihrer Kompetenzen „digital unterwegs" ist.

Der Trend geht sogar unternehmensübergreifend in Richtung Zusam-menschluss von Lernenden, die gemeinsam an Projekten arbeiten und lernen, welche dann von allen genutzt werden können. Es gibt hierzu beste Erfahrungen aus Software-Projekten, wie dem von zahllosen Programmierer*innen weltweit gemeinschaftlich entwickelten Betriebssystem Linux, welches zunächst als reine Open-Source-Softwareentwicklung begann und später zusätzlich kommerziell verwertet werden konnte.

Diese Art des kollaborativen Lernens hat bereits begonnen und wird sich in Zukunft sicherlich weiter durchsetzen.

▶ **Unser Praxistipp**

Lassen Sie die Erkenntnisse der Hirnforschung in die Entwicklung Ihrer Lernbausteine mit einfließen:

- *Bedeutsamkeit:* Achten Sie darauf, dass das zu trainierende Thema für Ihre Lernenden nutzenstiftend ist!
- *Fleiß:* Die Formel lautet: Üben, üben, und nochmals üben! Kein Preis ohne Fleiß!
- *Erfolgserlebnisse:* Schaffen Sie mithilfe Ihrer Lehrmethoden einen sichtbaren Erfolg beim Üben Ihrer Lernenden! Das motiviert!
- *Erfahrungsbezug:* Lassen Sie nichts abstrakt üben, sondern stellen Sie einen Erfahrungsbezug zu der Praxis der Lernenden her!
- *Neugierde:* Nutzen Sie sog. „Neugier Wecker" zu Beginn Ihrer Trainingseinheiten, um die Motivation bei Ihren Lernenden zu steigern
- *Emotionen:* Schaffen Sie, dass beim Trainieren Emotionen – am besten positive Emotionen – bei Ihren Lernenden ausgelöst wird.

2.7.3 Ausarbeitung der Lernbausteine

Nach der Auswahl der Lehrmethoden und Lernmedien kommen wir jetzt zur Ausarbeitung der Lerninhalte als trainierbare Lernbausteine. Lerninhalte sollten nun so aufbereitet werden, dass diese:

- den Lernpräferenzen der Lernenden gerecht werden
- auf die entsprechenden Kompetenzen einzahlen
- an die einzelnen Lernzieltaxonomie-Stufen angepasst werden
- den Anforderungen der Hirnforschung zum Thema „Lernen" entsprechen

Die drei ersten Anforderungen haben wir im Grundsatz bereits näher betrachtet. Wir nähern uns nun den Anforderungen an das Lernen aus Sicht der Hirnforschung. Hierzu geben wir Ihnen konkrete Praxistipps zur Erstellung von Lernbausteinen an die Hand. In den folgenden Abschnitten beleuchten wir jede einzelne dieser Erkenntnisse und ergänzen sie um weitere Praxistipps.

Ist der Lernbaustein wichtig und bedeutsam für die Lernenden und ihren Praxisalltag?
Aus Sicht der Lernenden bildet diese Frage die Grundlage für ihren Lernerfolg. Solange die Lernenden den Lerninhalt für sich nicht als „bedeutsam" einschätzen, besteht die Gefahr, dass dieser vom Gehirn der Lernenden schlichtweg als unnützen Ballast abgelehnt wird. Trivial? Ganz und gar nicht. Denn der Nutzen erschließt sich vielen Lernenden nicht automatisch, im Gegenteil. Skeptiker erkennen häufig nicht den praktischen Nutzen für ihre Arbeit, wenn dieser nicht deutlich kommuniziert wird. Diese Thematik kennen wir auch aus dem Verkauf. Die Kundin oder der Kunde kauft nicht das Produkt, sondern, das, was das Produkt für sie oder ihn tut, bzw. das, was ihr oder ihm einen Nutzen bringt.

Das Hauptproblem der klassischen Weiterbildung liegt also häufig in der mangelnden Nutzenerklärung der einzelnen Lerninhalte, vor allem beim Selbstlernen. Gerade bei Verhaltensthemen taucht diese Schwierigkeit verstärkt auf, wenn auf eine Reihe von theoretischen Modellen zurückgegriffen wird, die vermeintlich nichts mit den Lernenden zu tun haben. Hier ein Beispiel:

Beispiel „Kommunikationsquadrat"

Auf fast allen Lernplattformen, sowie auf YouTube oder in Präsenztrainings, wird das „Kommunikationsquadrat" von Prof. Friedemann Schulz von Thun vorgestellt. Dort werden in der Regel die „4 Seiten einer Nachricht", also „Sachinhalt", „Appell", „Beziehungshinweis" und „Selbstkundgabe", mehr oder weniger gut erklärt. Das war es dann auch schon. Was aber kann der*die Einzelne mit den Aussagen zu dem Modell anfangen?

Vermutlich wissen Sie als Fachperson, wie mithilfe des Kommunikationsquadrats Konflikte und Missverständnisse gelöst werden können. Leider geht dieser Nutzen aus den allermeisten allgemeinen Erklärungen des Modells nicht hervor.

Wenn für die Lernenden aber nicht erkennbar wird, welchen Nutzen das „Kommunikationsquadrat" für ihre persönliche Situation stiftet und wie sie es für sich nutzen können, werden sie schnell die Frage nach dem Mehrwert des Modells stellen. Warum sollten sie dann das „Kommunikationsquadrat" überhaupt lernen? Wir wissen aus eigener Erfahrung, dass viele Lernende das Kommunikationsquadrat schon x-fach gehört haben und maximal die 4 Seiten einer Nachricht benennen können. Anwendung im Alltag? Fehlanzeige!◄

Versetzen Sie sich daher bei der Entwicklung eines Lernbausteins stets in die Lage von Lernenden, die ein Modell nicht kennen:

Wir erklären den Lernenden zunächst etwas, was sie bereits aus eigener Erfahrung wissen, nämlich, dass es immer wieder zu zwischenmenschlichen Konflikten und Missverständnissen kommt. Wenn den Lernenden im nächsten Schritt klar wird, wie sie beispielsweise mithilfe des „Kommunikationsquadrats" in die Lage versetzt werden, die richtigen Fragen zur Konfliktklärung zu stellen, dann entsteht für sie ein wahrhaftiger Nutzen und womöglich das Interesse, das Modell zu verinnerlichen.

Wenn dann noch die richtigen Übungen durchgeführt werden, verankert sich das Modell nachhaltig im inneren Konfliktlösungs-Baukasten der Lernenden und liegt in entsprechenden Alltagssituationen als nutzbares Tool bereit.

▶ **Unser Praxistipp**
Stellen Sie sich zunächst bei der kompetenzorientierten Trainingsentwicklung vor, dass Sie der*die Lernende sind. Nun überlegen Sie sich, welchen Vorteil bringt Ihnen dieser Lernbaustein mit den darin enthaltenen Lerninhalten bringen. Ihnen fällt nichts dazu ein? Wenn, Ihnen keinen wirklich erkennbaren Nutzen einfällt, dann könnte dies den Lernenden genauso gehen. Der Lerninhalt ist dann möglicherweise nutzlos. Wenn Ihnen doch der Nutzen dazu klar ist, dann stellen Sie diesen Nutzen im Lernbaustein gegenüber den Lernenden heraus. Erstellen Sie hierfür auch im Trainerleitfaden eine eigene Spalte „Nutzen für den Lernenden".

Ein weiteres Hilfsmittel, um die Bedeutsamkeit für Lernende zu erhöhen, ist die Methode „Storytelling". Storytelling wird seit Jahrtausenden zur Weitergabe von Wissen in unterschiedlichen Kulturen angewandt. Besonders relevant wird Storytelling, wenn Erfahrungen der Teilnehmenden in Geschichten aufgegriffen werden, mit denen sich die Teilnehmenden identifizieren können. Gleichzeitig sind „Stories" oft mit Emotionen aufgeladen und bleiben daher leichter im Gedächtnis hängen.

Ist der Lernbaustein für die Lernenden kurz und prägnant gehalten?
Seneca sagt einmal: „*Zeit ist die einzige Anleihe, die selbst der dankbarste Empfänger nicht zurückzahlen kann.*" Die Zeit wird für die meisten von uns immer kostbarer, umso wichtiger ist, dass wir sie nicht verschwenden.

Sind Lernende von einem Lernbaustein und dessen Lerninhalten angefixt, und sind sie bereit sich tiefer mit diesen Lerninhalten auseinanderzusetzen, so spielt die

Lernzeit eher eine untergeordnete Rolle. Dies ist aber kein Selbstläufer, sondern harte Arbeit, die bei der Konzeption der Lernbausteine geleistet werden muss (wir gehen im nächsten Absatz noch näher darauf ein).

Ab der Lernzieltaxonomie Stufe „Anwenden" gibt es keine pauschalen Aussagen zur zeitlichen Gestaltung des Trainings. Die Bearbeitungsdauer eines Lernbausteins kann sowohl vom Lernthema selbst als auch vom Lernfortschritt der Lernenden und deren Motivation zum Üben abhängen.

Vor allem bei den Lerntaxonomie-Stufen 1: „Wissen" und 2: „Verstehen" gilt, dass kurze Übungssequenzen gegenüber langen Übungssequenzen im Vorteil sind. Dies gilt insbesondere für digitale Lernbausteine, mit denen die Lernenden sich eigenständig befassen. Wichtig ist hier zudem, dass sich Erfolgserlebnisse beim Üben schnell einstellen.

▶ **Unser Praxistipp: Halten Sie digitale Lernbausteine kurz und knapp**
Nutzen Sie die 5 min Regel und versuchen Ihre Wissensthemen in dieser Zeit auf den Punkt zu bringen. Sie können gerade bei Selbstlernthemen nicht davon ausgehen, dass Lernende sich intrinsisch für genau dieses Lernthema interessieren.

Fassen Sie die wichtigsten Informationen zusammen und bringen Sie diese auf den Punkt. Hierbei hilft journalistische Kompetenz! Tiefergehende Informationen können Sie zusätzlich bereitstellen, für diejenigen, die sich mit dieser Thematik noch intensiver auseinandersetzen möchten. Holen Sie Experten mit journalistischen Kenntnissen mit ins Boot, oder machen Sie noch eine journalistische Weiterbildung. Diese nützt Ihnen auch in der Personalentwicklung.

Lassen Sie im Rahmen von „Anwenden" kurze Übungssequenzen üben, bei denen sich beim Lernenden der Erfolg schnell einstellt. Erst dann sollten Sie die Übungssequenzen in der Dauer langsam steigern.

Ist der Lernbaustein für die Lernenden unterhaltsam aufbereitet?
Diese Fragestellung ist wichtig, aber nicht trivial zu beantworten. Wer etwas interessant findet oder wem etwas Spaß macht, hängt sehr von den Lernenden selbst ab. Trotzdem gibt es genügend Möglichkeiten, Lernbausteine unterhaltsam aufzubereiten.

▶ **Unser Praxistipp**

• Setzen Sie spielerische Elemente in Ihrem Trainingskonzept ein. Es bieten sich hierzu eine Vielfalt von Möglichkeiten, die Sie nutzen können. Denken Sie insbesondere an Quiz, Rätsel etc. Zudem werden am Markt eine Reihe von Trainingstools angeboten, die dafür ausgelegt sind, die Realität der Lernenden zu simulieren. Wir haben beispielsweise ein Planspiel, eine 3D-Online-Simulation sowie ein Simulations-App im Einsatz, die alle spielerisch Führung erlebbar machen – je nach Tool haptisch oder digital, für das gemeinschaftliche oder das individuelle Lernen konzipiert.

- Arbeiten Sie mit Humor. Wenn Sie es schaffen, Ihre Lernenden zum Lachen zu bringen, haben Sie in vielen Fällen auch deren Herzen gewonnen. Nutzen Sie hierzu auch Lernvideos, die mit Humor aufgebaut sind. Achten Sie bitte auf Urheberrechtsverletzungen. Nicht alles, was im Netz zu sehen ist, darf auch im Training verwendet werden. Beim E-Learning arbeiten wir sehr stark zu Beginn von unseren selbst entwickelten 2D-Animationsfilme mit humorvollen Begebenheiten, die neugierig auf die kommenden Lerninhalte machen sollen.

- Nutzen Sie die Technik des „Storytelling". Bauen Sie beispielsweise spannende Rahmenhandlungen in Ihre Konzepte mit ein, die eine Verbindung zu Lebenswirklichkeit, Wünschen, Ängsten oder Träumen der Lernenden herstellen.

Seien Sie kreativ!

Hand aufs Herz: Wenn ich als Lernende*r die Möglichkeit habe, beim Lernen auch noch unterhalten zu werden, nutze ich dann diese Möglichkeit? Allen Kindern hat die Natur das Spielen in die Wiege gelegt. Spielen ist für Kinder die beste Unterhaltung und die beste Form des Lernens zugleich. Warum soll das für das Erwachsenenlernen nicht auch gelten? Haben Sie gewusst, dass „Spielen im Alter" das Gehirn trainiert und gegen Demenz helfen kann? Es gibt hierzu eine Reihe von Forschungsergebnissen, die dies belegen (Kühn et al., 2013).

Wird bei den Lernenden durch den Lernbaustein Neugierde geweckt?
Die Lernforschung hat festgestellt, dass bei Kindern eine Art „natürliche Neugierde" besteht, Dinge zu erkunden bzw. etwas Neues zu lernen. Je älter wir werden, kann diese Neugier stark nachlassen. In vielen Fällen wissen wir nicht, wie es um die Neugierde bei Lernenden bestellt ist. Um die Neugierde bei erwachsenen Lernenden zu wecken, haben wir folgenden Praxistipp für Sie:

▶ **Unser Praxistipp**
Wecken Sie grundsätzlich die Neugierde bei den Lernenden und
bauen Sie diese mit in Ihre Lernbausteine mit ein.
Beispiele können hierzu sein:

- Stories (Storytelling)
- Spielerische Elemente
- Quiz
- Humorvoller Einstieg in das Thema
- Demonstration

Hierbei steht das Unterwartete für die Lernenden im Fokus. Neugier-Wecker sollten nicht nur zu Beginn platziert werden, sondern in den Lerneinheiten immer
wieder auftauchen, sodass die Spannung beim Lernenden wiederholt aufgebaut
wird. Bei Kindern funktioniert der Trick mit dem „Überraschungsei" exzellent.
Warum nicht denselben Mechanismus auch bei Erwachsenen nutzen?

Stellt sich mithilfe des Lernbausteins bei den Lernenden ein Lernerfolg ein?
Hierbei ist wichtig, dass sich beim Lernenden erste Erfolge schnell einstellen,
da sonst die Gefahr besteht, dass die Lernmotivation zu schnell absinkt. Der
Lernbaustein sollte also weder zu schwer noch zu leicht für die Lernenden sein.

▶ **Unser Praxistipp**
Ein Lernbaustein sollte für die Lernenden herausfordernd, aber nicht
überfordernd sein. Um den Lernerfolg sicherzustellen, ist es bei der
kompetenzorientierten Trainingsentwicklung daher sinnvoll, Mitarbeitende aus der Zielgruppe frühzeitig mit in die Konzeption zu invol-
vieren. Diese können Ihnen gute Rückmeldungen zum geeigneten
Schwierigkeitsgrad des zu erstellenden Lernbausteins geben.
Und auch hier gilt: Entwickeln Sie kurze Lerneinheiten, bei denen
sich Lernerfolge schnell zeigen.

Da der empfundene Schwierigkeitsgrad dennoch individuell sehr unterschiedlich
sein kann, bieten sich gerade bei E-Learning-Formaten Eingangstests für die Lernenden an, die beispielsweise in Form von Quizfragen aufbereitet werden können.
Wenn sämtliche Fragen bereits hier durch eine*n Lernende*n richtig beantwortet
werden, kann diese*r die entsprechenden Lernbausteine sogar ganz oder teilweise
überspringen und direkt zur Anwendung ihres*seines Wissens übergehen.

Beim Präsenztraining können Simulationen und Übungssequenzen so angelegt werden, dass sie es den Lernenden ermöglichen, das Gelernte direkt auszuprobieren. Hierbei kann ein gute*r Rollenspieler*In den Schweregrad gut während eines Rollenspiels dosieren.

Zur Feststellbarkeit des Lernerfolgs dient die Lernerfolgskontrolle. Die Lernerfolgskontrolle muss nicht immer die Form einer Prüfung haben. Wir wissen, dass uns Prüfungen immer wieder an die Schulzeit erinnern lassen, und nicht alle von uns verbinden diese mit positiven Erinnerungen. Am Ende einer E-Learning-Session bietet sich beispielsweise erneut ein Test in Form eines Quizzes an. Auch hier ist für die Trainingsentwicklung wichtig, dass die Fragen nicht zu schwer angelegt sind, um den Lernerfolg beim Lernenden sicherzustellen.

► **Unser Praxistipp**
Nutzen Sie Ihre Lernerfolgskontrolle nicht als „Prüfung", wie in der Schule, sondern setzen Sie auf motivierende Möglichkeiten, wie:

- Quiz
- Karteikarten
- Powerlearning
- Diagnoseverfahren von Experten/Innen
- Battle mit anderen Lernenden
- motivierendes Feedback nach einer Übung
- etc.

Inwieweit berührt der Lernbaustein die Lernenden emotional?
Wenn Lernende etwas emotional berührt, lernen sie wesentlich intensiver. Kommen positive Emotionen hinzu, werden Lerninhalte langfristig noch besser gespeichert. Auf die neurowissenschaftlichen Hintergründe hierzu gehen wir im vierten Kap. noch ein. Hier unsere Praxistipps vorab:

► **Unser Praxistipp**
Sie sollten bei der Konzeption der Lernbausteine besonders darauf achten, dass …

- der Lerninhalt für die Lernenden einen Sinn ergibt und sie somit persönlich anspricht.
- Sie Lernbausteine entwerfen, die alle Sinne bei den Lernenden ansprechen (z. B. durch Gamification).

- Sie lebendige Stories (Storytelling) in das Training mit einbauen, gerade bei vordergründig langweiligem Faktenwissen.
- der Lerninhalt spannend und/oder mit Humor aufbereitet ist. Trauen Sie sich!
- die Lernenden sich mit dem Lerninhalt identifizieren können.
- Sie Freiraum für das „Social Learning" lassen. Es sollte miteinander und voneinander gelernt werden können, auch über bestimmte Zeiträume hinweg. Hierzu bieten gerade Blended-Learning-Konzepte viele Möglichkeiten.
- Sie mit dem Verständnis für den Gesamtzusammenhang beginnen, bevor Sie ins Detail gehen.
- Sie Abwechslung in die Methoden bringen, um keine Langeweile bei den Lernenden aufkommen zu lassen.

Erkennen die Lernenden im Lernbaustein ihre gemachten Erfahrungen wieder?
Unsere Erfahrungen stehen in einem engen Zusammenhang mit unseren Emotionen (siehe die letzten Praxistipps). Auch hierbei gibt es eine Grundregel für die Erstellung eines kompetenzorientierten Lernbausteins:

▶ **Unser Praxistipp**
Nutzen Sie die Erfahrung Ihrer Lernenden
Holen Sie die Lernenden dort ab, wo sie stehen, lassen Sie sie das Neue erleben und verbinden Sie das Neue wieder mit ihrer Praxis.

Je stärker an bereits gemachte Erfahrungen der Lernenden angeknüpft wird, desto leichter verankern sich neue Lerninhalte. Der Grund: Für unser Gehirn ist es deutlich einfacher, bestehende Vorerfahrungen mit neuen Erfahrungen zu verknüpfen, als ganz neue Pfade zu erschließen. Diese neuen neuronalen Verknüpfungen auf Basis von Erfahrungslernen sind die Grundlage für Kompetenzlernen.

Sie werden sicherlich einige von unseren genannten Praxistipps bereits kennen, bzw. schon in dem einen oder anderen Ihrer bestehenden Lernbausteine wiederfinden. Trotzdem wissen wir aus unserer Erfahrung heraus, dass eine Reihe von Lernbausteinen qualitativ weder dem gehirngerechten Lernen noch dem kompetenzorientierten Lernen dienlich ist. Selbst in einschlägigen Studiengängen wird die gehirngerechte Aufbereitung von Lerninhalten nach wie vor oft sehr stiefmütterlich behandelt.

Wenn wir wirklich ernst meinen, dass Lernen in Zukunft selbstorganisiert stattfinden soll, müssen die angebotenen Lernbausteine die Lernenden begeistern und ihre Lust auf mehr wecken. Unser Anspruch ist es, dass Lernen auch für Erwachsene wieder „kinderleicht" wird.

Unsere Anregungen und Praxistipps helfen Ihnen bei der Erstellung Ihrer eigenen Lernbausteine oder bei der Suche nach den geeigneten Lernbausteinen am Markt.

▶   **Unser Praxistipp: Gehen Sie systematisch vor**

- Beginnen Sie Ihren Lernbaustein mit einem Neugier-Wecker, um in das Thema auf eine interessante Art einzuführen.
- Anschließend sollte sich der Inhalt des Lernbausteins zunächst an der Praxis der Lernenden orientieren, sprich die Lernenden sollten ihre Situation wiederfinden.
- Erst danach entführen Sie Ihre Lernenden in eine für sie unbekannte Inhaltswelt.
- Achten Sie darauf, dass Sie den Nutzen für die Lernenden bei der Lernbausteinentwicklung nie aus den Augen verlieren.
- Anschließend verbinden Sie die neuen Inhalte mit der Praxis der Lernenden.
- Würzen Sie den Lernbaustein mit Humor, Spannung etc. und beschreiben Sie dies im Feinkonzept bzw. Trainerleitfaden.

2.7.3.1 Erstellung des Grobkonzepts für einen Lernbaustein

In diesem Schritt führen wir alle zu einem Lernbaustein gesammelten Informationen und Vorüberlegungen zusammen.

Zunächst schauen wir uns hierzu ein beispielhaftes Grobkonzept (Exposé) eines Lernbausteins mit dem Lerninhalt „Fragetechniken" an (Abb. 2.20).

In dem Exposé finden sich die wesentlichen Anforderungen wieder, die an den Lernbaustein gestellt werden. Die Anforderungen werden in der rechten Spalte genauer beschrieben.

Das Exposé dient in unserem Beispiel als Ausgangspunkt für die Erstellung eines Drehbuchs für den Lernbaustein „Lernvideo Fragetechniken". Sie können die Anforderungen aus dem Exposé aber auch für den Einkauf von Standardprodukten vom Markt heranziehen.

Lernbaustein-Name	Lernvideo Fragetechniken	
Lernbaustein-Nummer	V010007	
Lerninhalt	Fragetechniken	
Beschreibung Lerninhalt	Im Video werden die wesentlichen Fragetechniken (offen, geschlossen, alternativ, Gegenfrage, rhetorisch, suggestiv) vorgestellt und deren Anwendung exemplarisch gezeigt.	
Status	In Bearbeitung	
Stand	01.03.2020	
Redaktion	SchirrmacherGroup, SSch	
Ersteller*in	SchirrmacherGroup, DaM	
Zielgruppe(n)	Mitarbeitende, Führungskräfte	
Einzahlung auf Lernzieltaxonomie-Stufe(n)	1: Kennen 2: Verstehen	
Kompetenz(en)	Kommunikative Kompetenz	
Teilkompetenz(en)	Angemessene Balance eigener Redeanteil und Zuhören	
Richtlernziel(e)	Die kommunikative Kompetenz der TN soll verbessert werden.	
Groblernziel(e)	Der*die TN verfügt über eine angemessene Balance zwischen eigenem Redeanteil und Zuhören.	
Feinlernziel(e)	**Kennen:** • Der*die Lernende zählt am Ende der Lerneinheit die 5 wichtigsten Frage-arten auf. • Der*die Lernende kennt den Unterschied zwischen offenen und geschlosse-nen Fragen.	**Verstehen:** • Der*die Lernende versteht die Not-wendigkeit, Fragen während eines Gesprächs zu nutzen. • Der*die Lernende weiß, welche Fragen wann in einem Gespräch ein-gesetzt werden. • Der*die Lernende versteht, dass man über Fragen ein Gespräch in bestimmte Richtungen lenken kann.
Nutzen für die Lernenden	Mithilfe der Fragetechniken ist der*die Lernende in der Lage MA-Gespräche in ihre*seine gewünschte Richtung zu lenken. „Wer fragt, führt das MA-Gespräch in ihre*seine gewünschte Richtung "	
Bedeutsamkeit*Praxis	Mithilfe von Fragetechniken ist der*die Lernende in der Lage, das MA-Gespräch in die gewünschte Richtung zu lenken. Es werden Praxisbeispiele im Video gezeigt.	
Emotionale Ansprache	Das Video enthält unterhaltsame Elemente sowie kleine versteckte Gags am Anfang und Ende des Videos. Die Beispielsituationen im Video sprechen die Lernenden in ihrer Lebenswirklichkeit an.	
Dauer	ca. 5 Minuten	
Lernmedium	Lernvideo (2-D-Animationsfilm)	
Lehrmethode	Einzelarbeit	

Abb. 2.20 Grobkonzept eines Lernbausteins am Beispiel „Lernvideo Fragetechniken" (eigene Darstellung)

Lernbaustein-Name	Lernvideo Fragetechniken
Lernpräferenz(en)	• Digital • Visuell • Auditiv • Individuell
Ablageort	• Schirrmacher Akademie Lernplattform • Vimeo
Kursintegration	• WBT-Kurs „Grundlagen der Kommunikation" • WBT-Kurs „Kommunikation und Führung" • Planspieltraining „Führung im Alltag"
Lernzielkontrolle	Quizfragen Q010007
Zugehörige Dokumente	Skript S010007

Abb. 2.20 (Fortsetzung)

▶ **Unser Praxistipp**
In Abschn. 2.9 werden wir uns mit der Erstellung eines kompetenzorientierten Lernbaukastens befassen. Die Exposés zu Ihren Lernbausteinen bilden ausgezeichnete Vorlagen, aus denen Sie sämtliche
Informationen für Ihre Lernbaukasten-Datenbank ziehen können. Sie
sollten hierfür ihre Exposés, welche zunächst als Grobkonzepte dienen, fortlaufend aktualisieren, sobald neuere Angaben (z. B. die finale
Dauer eines Lernbausteins) vorliegen.

Verfügen Sie bereits über ein Content-Management-System für
Ihre Personalentwicklung, sollten Sie prüfen, ob eine Verknüpfung der
Exposé-Datenblätter mit den CMS bzw. ein Anlegen der Datenblät-
ter innerhalb des Systems möglich ist. Dies könnte Ihnen später viel
Arbeit sparen.

2.7.3.2 Erstellung des Feinkonzepts für einen Lernbaustein

Nach der Erstellung des Exposés als Grobkonzept zu einem Lernbaustein, gilt
es im nächsten Schritt, ein Feinkonzept daraus entwickeln. Je nach Medium und
Methode, kommen als Feinkonzept unterschiedliche Formate in Betracht. In unserem Beispiel haben wir ein Exposé für den Lernbaustein „Video Fragetechniken"
erstellt, für welches im nächsten Schritt ein Feinkonzept in Form eines Drehbuchs
benötigt wird.

Bei der Erstellung eines Video-Drehbuchs ist darauf zu achten, dass nicht nur die Texte für die Dialoge und Moderationen erstellt werden. Denken Sie daran, dass auch die Szenen genau beschrieben werden, welche im Hintergrund bei den Dialogen bzw. Moderationen dargestellt werden soll.

Zusätzlich ist auf der linken Seite eine Spalte für den „Timecode" (TC) angelegt, der den jeweiligen Beginn einer Szene in Minuten und Sekunden markiert. Diese Spalte wird üblicherweise erst unmittelbar vor der Vertonung eines Videos mit Daten befüllt und dient unter anderem dem*der Sprecher*in zur zeitlichen Orientierung im Video.

Abb. 2.21 zeigt beispielhaft einen Auszug aus dem Drehbuch zu unserem 2D-Animationsvideo „Fragetechniken".

Am Beispiel „Video Fragetechniken" wird deutlich, wie wichtig es ist, zunächst mit dem Exposé zu beginnen, aus dem dann ein Drehbuch erstellt wird – vor allem dann, wenn das Drehbuch von einem Dritten geschrieben wird. Dieser mehrstufige Prozess hilft uns dabei, bei der Entwicklung des Endprodukts, wie z. B. einem Lernvideo, alle für das kompetenzorientierte Lernen wesentlichen Einflussfaktoren mitzuberücksichtigen.

Diese Mustervorlage sollte je nach Medium und Methode entsprechend angepasst werden.

2.7.3.3 Erstellung von Handouts und Skripten

Um möglichst viele Lernpräferenztypen anzusprechen, empfehlen wir, zu allen Video- oder Audioinhalten zusätzlich schriftliche Handouts zu erstellen. Diese können den Lernenden wahlweise als Printouts oder in Form von PDF-Dateien bereitgestellt werden.

Als Handout empfehlen wir eine einseitige Zusammenfassung der wichtigsten Inhalte, anhand deren Lernende die Lerninhalte auf einen Blick erfassen können. Hier ein Beispiel zum Thema „Fragetechniken" (vgl. Abb. 2.22).

Zusätzlich zum Handout in Form einer Zusammenfassung, empfehlen wir die Bereitstellung eines Skripts, in dem der vollständige Videotext nachgelesen werden kann.

Hierfür können aus einem bestehenden Drehbuch einfach Timecodes (TC) und szenische Beschreibung entfernt werden. Die Kombination aus Sprechertext und Dialogen ergeben so ein gut lesbares Skript, welches die Lernenden alternativ oder ergänzend zu den Videoinhalten nutzen können. Ein Beispiel könnte wie in Abb. 2.23 dargestellt aussehen.

Wie Sie an dem gezeigten Beispiel erkennen, müssen Sie bei der Skripterstellung auf Basis des Drehbuchs keine neuen Texte erstellen, sondern lediglich vorhandene Textbausteine umformatieren. Das spart Zeit.

TC	Text	Bild
00:11	**Rolf:** Wir sind schon 26 Jahre zusammen. Ist das nicht schön? **Heike:** Du hast recht, das ist nicht schön!	**Szene:** Rolf steht mit Heike in der Küche und schaut ihr beim Kochen zu
00:26	**Moderation:** Willkommen bei den Schuberts. Was meinen Sie, war das eine geschickte Frage? Darüber lässt sich wohl streiten. Eines hat Rolf jedenfalls erreicht: Er hat einen Dialog in Gang gebracht und dabei etwas über seine Beziehung erfahren. Und genau darum geht es beim Einsatz von Fragetechniken.	Moderation im Studio **Einblendung:** Standbild Szene Heike / Rolf **Texteinblendung:** Fragetechniken
00:45	**Moderation:** Fragen dienen generell dazu, einen Dialog zu beginnen oder aufrecht zu erhalten. Ein weiteres Ziel von Fragen besteht darin, sich Informationen vom Gegenüber zu beschaffen. Und ein drittes Ziel kann darin liegen, durch gezielte Fragen einen hohen Grad der Einflussnahme auf das Gespräch zu erreichen. Doch nicht jede Frage eignet sich für jedes angestrebte Ziel. Schauen wir uns folgende Szene zwischen Moritz Schubert und seinem Ausbildungsleiter an.	Moderation im Studio **Ohne Ton:** Heike und Rolf sitzen im Studiovordergrund und diskutieren **Texteinblendungen:** • Dialog beginnen oder aufrechterhalten • Informationen erhalten • Einfluss nehmen
01:11	**Ausbildungsleiter:** Ist das Paket für den Kunden Schröder schon im Versand? **Moritz:** Nein. Liegt das Paket noch bei dir? **Moritz:** Nein **Ausbildungsleiter:** Kannst du mir sagen, wo das Paket gerade liegt? **Moritz:** Ja.	**Szene:** Ausbildungsleiter spricht Moritz im Betrieb an. Ende auf Ausbildungsleiter, irritiert ...
01:26	**Moderation:** Der gezeigte Dialog könnte so immer weiter gehen, trotzdem erhält der Ausbildungsleiter von Moritz keine für ihn notwendigen Informationen. Aber woran liegt das? Im Prinzip werden die Antworten durch diese Art von Fragestellungen bereits vorgegeben, nämlich ja, nein, oder ich weiß nicht.	Moderation im Studio **Ohne Ton:** Ausbildungsleiter und Moritz stehen im Studio, ratlos
01:45	**Moderation:** Wir sprechen in diesem Zusammenhang von geschlossenen Fragen. Wie hätte der Ausbildungsleiter fragen können, um eine geeignete Antwort von Moritz zu erhalten?	Moderation im Studio **Texteinblendung:** geschlossene Fragen
01:55	**Ausbildungsleiter:** Wo liegt das Paket für unseren Kunden Schröder im Moment? **Moritz:** Das Paket wurde heute Morgen schon zur Post gebracht.	**Szene:** Ausbildungsleiter spricht mit Moritz im Betrieb

Abb. 2.21 Feinkonzept eines Lernbausteins am Beispiel „Lernvideo Fragetechniken". (Eigene Darstellung)

TC	Text	Bild
02:02	**Moderation:** Der Ausbildungsleiter hat in der zweiten Szene eine offene Frage gestellt, bei der Moritz ihm alle wichtigen Informationen zu dem Paket mitgeteilt hat.	Moderation im Studio **Texteinblendung:** offene Fragen
	Moderation: Offene Fragen werden auch in der Praxis als W-Fragen bezeichnet. Denn eine typische offene Frage beginnt mit einem W: wer, wie, was, wann, wo, welche, wieso, weshalb oder warum. Mit dieser Art Fragen fordere ich meinen Gesprächspartner auf, mit mindestens einem ganzen Satz zu antworten. Daher eignen sich offene Fragen gut, um einen Gesprächsfluss in Gang zu bringen.	Moderation im Studio **Texteinblendungen:** W-Fragen Wer? Wie? Was? Wieso? Wann? Weshalb? Warum?
	Moderation: Darüber hinaus gibt es noch weitere Fragetechniken, mit denen Sie den Verlauf von Gesprächen gezielt steuern können. Einige wichtige werde ich Ihnen hier vorstellen. Schauen wir uns zunächst die Alternativfrage an:	Moderation im Studio

Abb. 2.21 (Fortsetzung)

2.7.4 Erstellung von Kursen unter Integration der Lernbausteine

In der Praxis werden die meisten Lernbausteine in Form von Kursen oder als Bestandteile von Kursen angeboten, welche verschiedene Lerninhalte verbinden. Ein Kurs kann also einen oder mehrere Lernbausteine beinhalten und gegebenenfalls auch auf mehrere verschiedenen Kompetenzstufen einzahlen. Umgekehrt können einzelne Lernbausteine in verschiedenen Kursen Verwendung finden.

Bei der herkömmlichen Trainingsentwicklung wurden in Kursen in der Regel mehrere Teilkompetenzen gleichzeitig trainiert. Im Sinne der kompetenzorientierten Trainingsentwicklung ist jedoch anzustreben, dass Lernende möglichst individualisierten Lernpfaden folgen, welche ausschließlich die für sie relevanten Informationen und Trainingseinheiten beinhalten (s. Abschn. 2.9). Dies spart viel Zeit und Geld und zahlt zudem maßgeblich auf die Lernmotivation der Lernenden ein.

Nachstehend finden Sie ein beispielhaftes Kurs-Exposé im Sinne der kompetenzbasierten Trainingsentwicklung. Das Exposé ist fast identisch angelegt wie das für einen Lernbaustein, lediglich die Rubrik „Lernbaustein-Name" wurde durch „Kurs-Name" und die Rubrik „Kurs-Integration" durch die Rubrik „Lernbaustein-Integration" ersetzt (vgl. Abb. 2.24).

Fragetechniken

Handout Fragetechniken

Es gibt verschiedene **Fragetechniken**:

1. Offene Frage
2. Geschlossene Frage
3. Alternativfrage
4. Gegenfrage
5. Rhetorische Frage
6. Suggestivfrage

1. Die **Offene Frage**, auch W-Frage genannt, ist eine Frage die mit wer, wie, wann, wo etc. beginnen kann. Das Gegenüber muss mit mindestens einem ganzen Satz antworten und so bringt sie dein Gespräch in Gang.

2. Die **Geschlossene Frage** ist das Gegenteil der offenen Frage. Sie ist mit einem einfachen Ja oder Nein zu beantworten und führt zu keinem weiteren Gespräch.

3. Die **Alternativfrage** ist eine Fragetechnik, bei der man dem Gegenüber zwei oder mehrere Antworten anbietet und so in eine gewünschte Richtung steuert.

4. Die **Gegenfrage** fordert den/die Gesprächspartner/in dazu auf, seine/ihre Frage zu spezifizieren und/oder gibt Zeit, um die eigene Antwort vorzubereiten.

5. **Rhetorische Fragen** sind Fragen, welche keiner Antworten bedürften und stellen eher eine getarnte These dar.

6. Die **Suggestivfrage**, ist eine Frage, die dem Gegenüber die Antwort schon in den Mund legt. Ob das Gegenüber dann wirklich so antwortet, bleibt ihm überlassen.

Abb. 2.22   Beispiel-Handout zum Lernvideo „Fragetechniken", Schirrmacher GmbH

07 Fragetechniken

Skript Fragetechniken

| **Rolf Schubert:** | Wir sind schon 26 Jahre zusammen. Ist das nicht schön? |
| **Heike Schubert:** | Du hast recht, das ist nicht schön. |

Willkommen bei den Schuberts.

Was meinen Sie, war das eine geschickte Frage? Darüber lässt sich wohl streiten.
Eines hat Rolf jedenfalls erreicht: er hat einen Dialog in Gang gebracht und dabei etwas über seine Beziehung erfahren.

Und genau darum geht es beim Einsatz von Fragetechniken.

Fragen dienen generell dazu, einen Dialog zu beginnen oder aufrecht zu erhalten.
Ein weiteres Ziel von Fragen besteht darin, sich Informationen vom Gegenüber zu beschaffen. Und ein drittes Ziel kann darin liegen, durch gezielte Fragen einen hohen Grad der Einflussnahme auf das Gespräch zu erreichen.

Doch nicht jede Frage eignet sich für jedes angestrebte Ziel.

1

Abb. 2.23 Beispiel-Skript (Auszug) zum Lernvideo „Fragetechniken", Schirrmacher GmbH

Kursname	WBT Fragetechniken
Kursnummer	K010002
Lerninhalt(e)	Fragetechniken
Beschreibung Lerninhalt	Im WBT werden die wesentlichen Fragetechniken (offen, geschlossen, alternativ, Gegenfrage, rhetorisch, suggestiv) behandelt.
Status	Veröffentlicht
Stand	01.06.2022
Redaktion	SchirrmacherGroup, SiSch
Ersteller*in	SchirrmacherGroup, LeRü
Zielgruppe(n)	Mitarbeitende, Führungskräfte
Einzahlung auf Lernzieltaxonomie-Stufe(n)	1: Kennen 2: Verstehen 3: Anwenden
Kompetenz(en)	Kommunikative Kompetenz
Teilkompetenz(en)	Kann aktiv zuhören, lässt andere ausreden
Richtlernziel(e)	Die kommunikative Kompetenz der TN soll verbessert werden.
Groblernziel(e)	Der*die TN verfügt über eine angemessene Balance zwischen eigenem Redeanteil und Zuhören.
Feinlernziel(e)	**Kennen:** • Der*die Lernende zählt am Ende der Lerneinheit die 5 wichtigsten Fragearten auf. • Der*die Lernende kennt den Unterschied zwischen offenen und geschlossenen Fragen. **Verstehen:** • Der*die Lernende versteht die Notwendigkeit, Fragen während eines Gesprächs zu nutzen. • Der*die Lernende weiß, welche Fragen wann in einem Gespräch eingesetzt werden. • Der*die Lernende versteht, dass man über Fragen ein Gespräch in bestimmte Richtungen lenken kann. **Anwenden:** • Der*die Lernende setzt unterschiedliche Fragetechniken im Gespräch zielführend ein.
Nutzen für die Lernenden	Mithilfe der Fragetechniken ist der*die Lernende in der Lage MA-Gespräche in ihre*seine gewünschte Richtung zu lenken. „Wer fragt, führt das MA-Gespräch in ihre*seine gewünschte Richtung"
Dauer	ca. 30 min.
Lernmedium	WBT mit Video-, Quiz- und Workbook, Skript- und Handout-Elementen
Lehrmethode	Einzelarbeit

Abb. 2.24 Kurs-Exposé am Beispiel „WBT Fragetechniken". (Eigene Darstellung)

Kursname	WBT Fragetechniken
Lernpräferenz(en)	• Digital • Audiovisuell • Individuell
Ablageort	**Beispiel:** Schirrmacher Akademie Lernplattform
Lernbaustein-Integration	• Lernvideo V010007 „Fragetechniken" • Quizfragen Q010007 „Fragetechniken" • Workbook W010007 „Fragetechniken" • Skript S010007 „Fragetechniken" • Handout H010007 „Fragetechniken"
Neugierwecker	Das WBT beginnt mit einem Video mit einem gespielten Witz, in dem die Frau des Protagonisten dessen Suggestivfrage absichtlich miss-versteht.
Bedeutsamkeit / Praxis	Mithilfe von Fragetechniken ist der*die Lernende in der Lage, das MA-Gespräch in die gewünschte Richtung zu lenken. Es werden Praxisbei-spiele im Video gezeigt.
Emotionale Ansprache	Das WBT enthält unterhaltsame Elemente sowie kleine versteckte Gags am Anfang und Ende des Videos / Skripts. Die Beispielsituationen im Video / Skript sprechen die Lernenden in ihrer Lebenswirklichkeit an.
Lernzielkontrolle	• Multiple-Choice-Quizfragen Q010007 zur persönlichen Lernfortschritts-kontrolle am Ende jeden Videos • Zertifizierter Test mit Multiple-Choice-Quizfragen Q010007 als Abschluss des WBT
Zugehörige Dokumente	Podcast P1.1.5 „Kann aktiv zuhören, lässt andere ausreden"

Abb. 2.24 (Fortsetzung)

2.7.4.1 Erstellung eines Trainerleitfadens für gemeinschaftliche Trainingsveranstaltungen

Lernbausteine werden nicht nur für das eigenständige Lernen konzipiert, sondern häufig auch in gemeinschaftliche Trainingsveranstaltungen integriert, welche von Trainer*innen bzw. Lernbegleiter*innen durchgeführt und begleitet werden. Wir kommen daher nun auf den kompetenzorientierten Trainerleitfaden zu sprechen, der sich gegenüber den herkömmlichen Trainerleitfäden etwas unterscheidet.

Für das bessere Verständnis stellen wir Ihnen zunächst einen typischen Trai-nerleitfaden für ein klassisches Präsenztraining vor, dessen Struktur vielen von Ihnen bekannt vorkommen dürfte (vgl. Abb. 2.25).

Tag 1

Thema	Inhalte	Lernziele	Methoden	Medien/ Materialien	Dauer
Einführung in das Seminar	• Begrüßung der TN • Zeitplan vorstellen • Spielregeln klären • Themen und Fahrplan vorstellen • Vorstellungsrunde • Erwartungsabfrage	• TN kennen sich und den Trainer • TN kennen den Zeitplan des Seminars • TN kennen die Themen und den zeitlichen Ablauf des Trainings • Erwartungsabfrage	• Kennenlernspiel • Vortrag • Einzelarbeit	• Flipchart • Beamer • Pinwand	30 Min
Begriffsklärung Führung	Die TN erarbeiten in einer Gruppenaufgabe welche Anforderungen an eine heutige Führungskraft gestellt werden. Der Trainer erarbeitet gemeinsam mit den TN ein Anforderungsprofil einer FK. Trainer klärt mit den TN die Begriffe: Führen – Managen – Leadership und die Aufgaben einer Führungskraft.	• TN kennen die heutigen Anforderungen an eine Führungskraft • TN lernen die Aufgaben und Anforderungen einer modernen Führungskraft kennen	• Gruppenarbeit • Präsentation • Lehrgespräch	• Pinwand • Flipchart	60 Min

Abb. 2.25 Beispiel klassischer Trainerleitfaden (Auszug). (Eigene Darstellung)

Die Meinungen zu einem Trainerleitfaden gehen sehr stark auseinander. Die einen befürworten eine sehr ausführliche Gestaltung, sodass Trainer*innen in der Lage versetzt werden, das Training anhand des Leitfadens 1:1 abzuhalten.

Die anderen gehen davon aus, dass der Trainerleitfaden nur rudimentär ausgestaltet sein sollte und lediglich eine thematische Orientierung vorgibt. Sie vertreten die Meinung, dass der*die Trainer*in in der Lage sei, Seminarinhalte mithilfe eigener Erfahrung zu trainieren, und sich so auf die Lernenden besser einlassen könne. Über Jahre hinweg machte sogar bei vielen Trainern*innen der „Running Gag" die Runde, dass ein Training nur dann gut werde, wenn sich der*die Trainer*in nicht an den Trainerleitfaden hielt. Aber wo liegt nun die Wahrheit?

Wir denken, dass die Wahrheit irgendwo in der Mitte liegt. Wir glauben, dass wir ausgebildeten bzw. erfahrenen Trainern*innen nicht sagen müssen, welche Vorstellungsrunden, Feedbackrunden, Abschlussrunden, Auflockerungsübungen etc. sie in ihren Trainings benutzen sollen.

Bezüglich Übungen zu Lerninhalten, die entlang der Lernzieltaxonomie auf bestimmte Kompetenzen einzahlen, sollten Vorgaben hingegen sehr genau sein. Wenn beispielsweise eine Übungssequenz mit einem Lernbaustein „Rollenspiel" als Training im Rahmen der „Anwendung" geplant ist, sollte der*die Trainer*in diese Übung nicht durch eine Gruppenarbeit ersetzen, bei der sich die Lernenden lediglich inhaltlich austauschen.

Aus den gemachten Erfahrungen schlagen wir vor, den klassischen „Trainerleitfaden" um weitere Informationen zu ergänzen um das kompetenzorientierte Trainieren in den Fokus des Lernens zu stellen (vgl. Abb. 2.26).

▶ **Unser Praxistipp**
Wir empfehlen Ihnen, den klassischen Trainerleitfaden um vier wichtige Kriterien zu ergänzen:

- Zum einen sollte benannt werden, auf welche *Kompetenzen* das Training einzahlt.
- Zum andern sollte zu den Lernzielen der Hinweis auf die *Lernzieltaxonomie-Stufe* erfolgen. Dadurch wird die Zielorientierung für die Trainer/innen des Trainings auf einen Blick erkennbar.

Kompetenz: Gesprächskompetenz im MA-Gespräch
Training: Fragetechniken – offene Fragen
Lernbaustein: Fragetechniken – offene Fragen
Lernbaukasten: Nr. 23.4

Thema	Lernziele	Lernziel-taxonomie Stufe	Inhalte/ Hinweise: Trainer*In	Nutzen Lernen-de*r	Methoden	Medien/ Materialien	Dauer Min.
Einsatz offener Fragen in MA-Ge-sprächen	Teilneh-mer*in setzt ...	Anwenden	Teilnehmende führen Rollen-spiele ...	Mithilfe des Ein-satzes ...	Rollen-spiel Feedback	• Tisch • Stühle • Flipchart	2 Std.

Abb. 2.26 Beispiel kompetenzorientierter Trainerleitfaden (Auszug). (Eigene Darstellung)

- Weiterhin empfehlen wir, noch eine Spalte *„Nutzen für die Lernen-den"* hinzuzufügen. Dies hilft den Trainer*innen dabei, die Nutzen-kommunikation gegenüber den Lernenden im Fokus zu behalten.
- Schließlich sollten Sie festhalten, welche *Lernbausteine* an welcher Stelle des Trainings in welcher Form integriert werden sollen, und diese gegebenenfalls näher beschreiben bzw. auf die zugehörigen Exposés verweisen.

All diese Kriterien sollten Sie bereits in Ihrem Kurs-Exposé aufgeführt haben, sodass sie nur noch an passender Stelle zugeordnet werden müssen.

Der oben empfohlene Aufbau des Trainerleitfadens bezieht sich allgemein auf kompetenzorientierte gemeinschaftliche Trainingsveranstaltungen und gilt grundsätzlich auch für die Gestaltung von digitalen Live-Online-Trainings. Trotzdem gibt es bei digitalen Trainings Besonderheiten, die Sie nicht außer Acht lassen sollten.

Da digitale Live-Online-Trainings als anstrengender empfunden werden, sollten entsprechend kürzere Trainingseinheiten und längere Pausenzeiten im Leitfaden benannt werden. Zur Gestaltung von Online-Seminaren (z. B. mit für den digitalen Raum geeigneten Auflockerungsübungen) gibt es zahlreiche gute Bücher, die Ihnen wertvolle Praxistipps an die Hand geben.

Beachten Sie bei der Trainingskonzeption, dass nicht jede Trainingssequenz im Rahmen der Stufe „Anwenden" auch digital funktioniert. Bei einer 1:1-Adaption vieler Präsenzseminare in Live-Online-Seminare besteht die Gefahr, dass doch wieder die Wissensvermittlung anhand von PowerPoint-Charts in den Fokus rückt.

Versuchen Sie stattdessen, die Lernenden so viel wie möglich zu aktivieren, und nehmen Sie ihnen so die Angst vor dem digitalen Training. Besonders bewährt haben sich hier Methoden, die auch im Präsenztraining überwiegend interaktiv ausgerichtet sind. Ein Beispiel hierfür sind Planspieltrainings, welche digital als Online-Simulationen adaptiert werden und eine permanente Partizipation der Teilnehmenden erfordern.

2.7.5 Freigabe und Pilotierung

Wir kommen jetzt zu einem wichtigen Etappenziel in der kompetenzorientierten Trainingsentwicklung: Jedes Trainingskonzept und alle darin enthaltenen Lernbausteine sollten freigegeben und entsprechend pilotiert werden.

Wurden zu Beginn der kompetenzorientierten Trainingsentwicklung bereits ausgewählte Personen aus der Zielgruppe mit eingebunden, erhöht sich die Chance, dass es bei Pilotveranstaltungen nicht zu bösen Überraschungen kommt.

In diesem Zusammenhang sollten wir uns die Rolle der Personalentwicklung innerhalb der kompetenzorientierten Trainingsentwicklung näher anschauen. Die Personalentwicklung kann die Trainingsentwicklung selbst durchführen, oder sie vergibt diese an „Externe" und übernimmt die Rolle der Auftraggeberin und damit auch der Redaktion. In beiden Fällen sollte die Zielgruppe (Lernende) bei der Freigabe mit eingebunden werden.

Die Erteilung der Freigabe sollte nicht erst am Ende des Entwicklungsprozesses erfolgen, sondern in mehreren Etappen. Ist beispielsweise ein Lernvideo erst einmal erstellt und vertont, steht sowohl der zeitliche als auch der finanzielle Aufwand für Änderungen nicht mehr im Verhältnis zum Nutzen.

Im Fall eines Videos ist daher eine erste Freigabe unmittelbar nach Erstellung des Grobkonzepts (Exposé) sinnvoll, eine zweite nach Erstellung des Feinkonzepts (Drehbuch), eine weitere Freigabe sollte – im Fall eines Videos – unmittelbar vor der Vertonung erfolgen. Die finale Freigabe dient dann nur noch dem Zweck, evtl. Fehler in der Vertonung zu entdecken und korrigieren.

▶ **Unser Praxistipp**
Wichtig ist, dass sich alle Beteiligten darüber bewusst sind, dass nach jeder erteilten Freigabe rückwirkende Änderungen nur noch unter erhöhtem zeitlichen und/oder finanziellen Aufwand möglich und daher möglichst zu vermeiden sind.

Die Praxis zeigt jedoch, dass auch nach erteilter Freigabe immer wieder Lernbausteine und Trainingskonzeptionen nachgearbeitet werden müssen. Dies kann u. a. daran liegen, dass sich Rahmenbedingungen ändern, Abläufe nachgeschärft oder Informationen hinzugefügt werden müssen, die bisher keine Berücksichtigung fanden, keine Relevanz hatten oder noch gar nicht vorlagen.

Solche unvermeidlichen Änderungen können natürlich auch nach den Abnahmen erfolgen. Planen Sie daher ausreichend Budget mit ein, um ggf. nachsteuern zu können.

2.8   Lernzielkontrolle entwerfen

Einen weiteren wichtigen Baustein der kompetenzorientierten Trainingsentwicklung stellt am Ende jeder Kompetenzentwicklungsmaßnahme die Lernzielkontrolle dar. Bei der Lernzielkontrolle geht es um die Ermittlung des tatsächlichen Lernerfolgs einer*eines Lernenden, sodass dieser messbar, nachvollziehbar und überprüfbar ist.

Das Bewerten von klassischen Weiterbildungsmaßnahmen an sich ist nicht Teil der kompetenzorientierten Lernzielkontrolle. Die bisherigen und weit verbreiteten Feedbackbögen, auch scherzhaft „Jubelbögen" genannt, zielen typischerweise auf das Bewerten der Kompetenzentwicklungsmaßnahme ab. Hier eine Liste typischer Feedbackbogen-Kriterien, zu denen die Teilnehmenden ihre Einschätzung abgeben sollen:

- Der Stoffumfang war angemessen.
- Der Inhalt ist mir verständlich geworden.
- Die Lernziele wurden mir zu Beginn des Seminars verdeutlicht.
- Der*die Trainierende vermittelte die Trainingsinhalte verständlich.
- Der*die Trainierende ging auf die Anliegen der Teilnehmenden ein.
- Die behandelten Inhalte sind für meinen beruflichen Alltag relevant.
- Die behandelten Inhalte werde ich in meinem beruflichen Alltag anwenden.
- Das Seminar bot genügend Zeit, mich mit den anderen Seminarteilnehmenden fachlich auszutauschen.
- Die Dauer des Seminars war angemessen.

Personalentwickler*innen erhalten über solche Bögen evtl. wertvolle Rückmeldungen zu den dargebotenen Lernbausteinen, den durchführenden Trainer*innen und den Kursangeboten. Feedbackbögen geben aber kaum Auskünfte über den tatsächlichen Kompetenzzuwachs der Teilnehmenden, zumal sie nur deren subjektives Empfinden widerspiegeln. Sie bringen für eine kompetenzorientierte Lernzielkontrolle daher nur einen sehr eingeschränkten Mehrwert.

Wann sollte eine Lernzielkontrolle durchgeführt werden?
Der Maßstab für die kompetenzorientierte Lernzielkontrolle sind die geforderten Kompetenzen, die sog. Soll-Kompetenzen (s. Abschn. 2.1.1). Die Lernzielkontrolle selbst wird normalerweise nach einer Kompetenzentwicklungsmaßnahme durchgeführt und dient dazu, herauszufinden, wie effektiv oder wie gut die Trainingsdurchführung funktioniert hat. Um aber valide Aussagen zu erhalten,

welchen Mehrwert tatsächlich eine Trainingsdurchführung hatte, sollten die Ist-Kompetenzen des Lernenden, welche mithilfe der Bedarfsanalyse ermittelt wurden, *vor* einer Trainingsdurchführung herangezogen werden. Um am Ende valide Aussagen über den Erfolg von Kompetenzentwicklungsmaßnahmen zu erhalten, sollte das gleiche methodische Verfahren aus der Bedarfsanalyse erneut angewandt werden.

Wie bereits erwähnt, beginnt die Evaluation der Ist-Kompetenzen bereits bei der Bedarfsanalyse *vor* der Kompetenzentwicklungsmaßnahme. Anschließend sollte die Lernzielkontrolle im Optimalfall entlang der Lernzieltaxonomie erfolgen:

- Kennen und Verstehen
- Anwenden
- Transferieren
- Selbstorganisieren

Wenn dieser mehrstufige Prozess aus zeitlichen, organisatorischen oder finanziellen Gründen nicht möglich ist, sollte die Lernzielkontrolle zumindest am Ende der Kompetenzentwicklungsmaßnahme erfolgen.

▶ **Unser Praxistipp**
Wir empfehlen, dass die Lernzielkontrollen durch Expert*innen durchgeführt und durch systematische Informationsbewertung anhand bestimmter Kompetenzvorgaben ausgewertet werden. Dabei werden die durch die Kompetenzentwicklungsmaßnahmen ermittelten Ist-Kompetenzen der Lernenden mit den Soll-Kompetenzen abgeglichen.

Die Methoden der Bedarfsanalyse wurden bereits näher erläutert. Wir bevorzugen und nutzen selbst ein eigens für diesen Zweck entwickeltes Kompetenzerfassungs-Tool, welches neben der Selbsteinschätzung auch ein 360-Grad-Feedback oder eine Fremdeinschätzung durch eine*n Expert*in zulässt (vgl. Abb. 2.27).

Der Vorteil dieses Kompetenzerfassungs-Tools liegt darin, dass es sowohl vor als auch nach der Kompetenzentwicklungsmaßnahme genutzt werden kann. Die Ergebnisse sind daher direkt miteinander vergleichbar, wenn die einzelnen Parameter nicht verändert werden und die Messungen in einer zeitlichen Abfolge durchgeführt werden. Der Vorher-Nachher-Vergleich gibt so unmittelbar Auskunft über den tatsächlichen Kompetenzzuwachs.

Soziale und persönliche Kompetenz (Herz)	Einschätzung					
Kommunikative Fähigkeit	**Erfüllungsgrad**					
Ausdrucksweise ist klar, gewandt und flüssig	O 0%	O 20%	O 40%	O 60%	O 80%	O 100%
Rhetorik angemessen (Lautstärke, Sprechtempo, Akzente)	O 0%	O 20%	O 40%	O 60%	O 80%	O 100%
Argumentiert schlüssig und nachvollziehbar	O 0%	O 20%	O 40%	O 60%	O 80%	O 100%
Pflegt einen ruhigen, verbindlichen, freundlichen Ton	O 0%	O 20%	O 40%	O 60%	O 80%	O 100%
Kann aktiv zuhören, unterbricht nicht	O 0%	O 20%	O 40%	O 60%	O 80%	O 100%
Angemessene Körpersprache	O 0%	O 20%	O 40%	O 60%	O 80%	O 100%

Abb. 2.27 Auszug aus eigens entwickeltem Kompetenzerfassungs-Tool

2.8.1   Lernzielkontrolle „Kennen und Verstehen"

Innerhalb der Phase der Wissensvermittlung (Lernzieltaxonomie-Stufen 1 und 2) ist es sinnvoll, die vermittelten Lernbausteine anhand von Wissenstests abzufragen. Hierzu gibt es verschiedene Arten der Aufbereitung, unter anderem:

- Powerlearning
- Quiz
- Offene Fragestellungen
- Quiz-Battle
- Karteikarten
- etc.

Hier ein Beispiel aus unserer Lernplattform. Wie Sie sehen, ist der Frage ein kurzer Videoausschnitt vorgeschaltet (Abb. 2.28).

Auch hier sind Ihrer Fantasie keine Grenzen gesetzt. Idealerweise verstehen Lernende eine solche Lernzielkontrolle nicht als „Prüfung", sondern als Challenge innerhalb einer interessanten Lernreise. Haben Sie daher ruhig auch einmal den Mut, Ihre Lernenden in einem Quiz-Battle gegeneinander antreten zu lassen. Solange der Spaß und nicht der Zwang für Ihre Lernenden im Vordergrund steht, werden solche Tests gerne absolviert.

Abb. 2.28
Lernzielkontrolle „Kennen
und Verstehen" am Beispiel
Multiple-Choice-Quiz,
Screenshot, Schirrmacher
GmbH

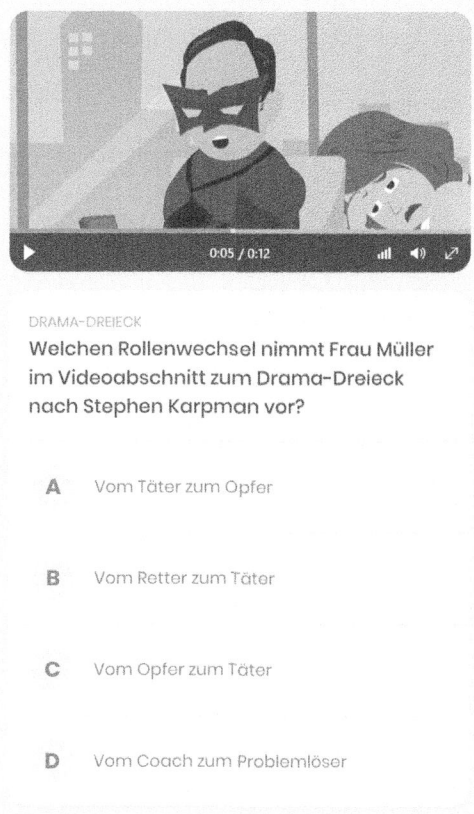

2.8.2 Lernzielkontrolle „Anwenden"

Auf der Lernzieltaxonomie-Stufe 3: „Anwenden" geht es bereits um das Trainieren von Kompetenzen, wenn auch noch in einem geschützten Rahmen.
Das Kompetenzerfassungstool haben wir bereits als Mittel zur Lernzielkontrolle vorgeschlagen. Es gibt darüber hinaus noch andere Möglichkeiten, um
kompetenzorientierte Lernziele auf dieser Taxonomie-Stufe messbar zu machen.
    Je nach zu messender Kompetenz besteht die Möglichkeit, im Rahmen von
Simulationen bzw. Planspielen messbare Ziele als Vorgaben zu machen, welche
die Lernenden erreichen sollen. Diese Zielvorgaben werden in die Simulationen

so eingebaut, dass die Lernenden unmittelbar am Ende einer Simulation ihre erreichten Ergebnisse erhalten. Machen wir dies an einem Beispiel fest:

Beispiel

Es geht u. a. darum, die Kompetenz „Analytisches Denken" bei den Lernenden zu verbessern. In unserem betriebswirtschaftlichen Planspielsimulation „Stratega BWL" führen die Lernenden ein Produktionsunternehmen über 3 Planspieljahre hinweg möglichst erfolgreich gegen 3 anderen Mitbewerbern (auch Lernende). Hierzu planen sie zunächst ihr eigenes virtuelles Unternehmen anhand betriebswirtschaftlicher Kennzahlen und entwickeln eine „Marktführerschaft Gesamtstrategie". In der anschließenden Phase werden die 3 Planspieljahre simuliert und die Ergebnisse anhand von Kennzahlen bewertet. Die Trainer*innen beobachten zudem das Verhalten der Lernenden während der Planspielsimulation und die Art und Weise, wie die Lernenden zu Entscheidungen kommen (vgl. Abb. 2.29).◄

▶   Das Beispiel zeigt auf, dass Lernzielkontrollen wesentlich vielseitiger gestaltbar sind als bisher üblich.

2.8.3   Lernzielkontrolle „Transferieren"

Die klassische Lernzielkontrolle endet meistens bereits auf der Stufe „Anwenden". Je nach Einsatz ist die klassische Lernzielkontrolle eher eine kurzfristige Momentaufnahme, wenn sie direkt am Ende eines Trainings durchgeführt wird.

Kompetenzentwicklung mit den dazugehörigen Verhaltensänderungen findet allerdings nicht kurzfristig statt, sondern ist eher ein mittel- bis langfristiger Prozess. Daher ist es sinnvoll, in quartalsmäßigen bis spätestens jährlichen Zeitabständen wiederholt Lernzielkontrollen durchzuführen. Wir empfehlen hierfür die Methode der Fremdeinschätzung, die sowohl offen als auch verdeckt erfolgen kann.

Eine offene Lernzielkontrolle bedeutet, dass die Lernenden wissen, dass ihr Verhalten und hoffentlich auch die einhergehende Verhaltensänderung überprüft werden. Dies kann beispielsweise mithilfe eines begleitenden Coaches erfolgen. Verdeckt heißt, dass die Lernenden den Zeitpunkt ihrer Bewertung nicht kennen.

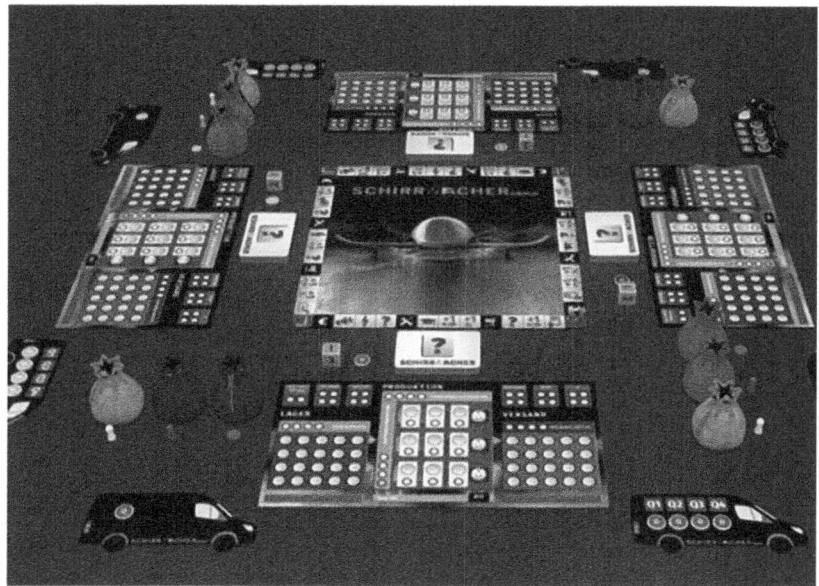

Abb. 2.29 Beispiel-Screenshot der Planspiel-Simulation „Stratega BWL" der Schirrmacher GmbH, Schirrmacher GmbH

Bei einem*einer Verkäufer*in beispielsweise kann mithilfe von „mystery shopping" das Verkaufsverhalten genau bewertet werden. Wichtig ist hierbei, dass das gleiche „mystery shopping" bereits bei der Bedarfsanalyse erfolgt ist, um Veränderungen valide messen zu können.

2.8.4 Lernzielkontrolle „Selbstorganisieren"

Wir empfehlen auf der Stufe „Selbstorganisieren" die gleichen Instrumente der Lernzielkontrolle wie auf der Stufe „Transferieren". Diese werden jetzt noch ergänzt um eigene Zielsetzungen, die im Rahmen von Projektarbeiten beim kollaborativen Arbeiten und beim selbstorganisierten Lernen gesteckt werden.

Lernen findet auf Stufe 5 im Netzwerk und durch Erfahrung weiterhin informell statt. Die gesteckten Zielsetzungen, die sich bei den Soll-Kompetenzen wiederfinden, gilt es daher aus eigenem Antrieb heraus zu erfüllen. Eine weitere probate Lernzielkontrolle ist das 360-Grad-Feedback, bei dem der*die Lernende sich selbst bewertet und zudem durch andere beurteilt wird.

▶ Irgendwann schließt sich dann wieder der Kreis durch regelmäßig durchgeführte Bedarfsanalysen, die den Anfang für kompetenzorientiertes Lernen und damit für die kompetenzorientierte Trainingsentwicklung darstellen.

2.9   Lernbaukasten anlegen

In Schritt 9 geht es nun darum, aus den in Schritt 1 bis 8 gewonnenen Ergebnissen einen Lernbaukasten zu erstellen, aus dem sich die Lernenden künftig mithilfe ihrer persönlichen Lernpfade bedienen können.

Was ist ein Lernbaukasten?
Als Lernbaukasten bezeichnen wir eine strukturierte Sammlung von Lernbausteinen, die Sie Ihren Mitarbeitenden als Lernangebote bereitstellen. Von der Architektur her handelt es sich dabei um eine Datenbank bzw. ein Content-Management-System, welches nach den in den Schritten 1 bis 6 der kompetenzorientierten Trainingsentwicklung ermittelten Merkmalen strukturiert und mit den bestehenden und neu erstellten Lernbausteinen und Kursen aus Schritt 7 sowie den Lernzielkontroll-Elementen aus Schritt 8 verknüpft werden.

Welchen Nutzen hat ein Lernbaukasten?
Der Lernbaukasten ist eines der zentralen Elemente für die kompetenzorientierte Trainingsentwicklung. Mithilfe des Lernbaukastens ist die Personalentwicklung in der Lage, für die einzelnen Lernenden eine zielgenaue Kompetenzentwicklung anzubieten, welche auf deren individuelle Lernpräferenzen abgestimmt ist.

Darüber hinaus erhält die Personalentwicklung mithilfe des Lernbaukastens einen genauen Überblick über bestehende bzw. noch zu entwickelnde Lernbausteine.

Einen weiteren Nutzen bietet der Lernbaukasten bei der Auswahl geeigneter Trainer*innen bzw. Trainingsentwickler*innen, da sich daraus zielgenaue Anforderungen an die jeweiligen Dienstleister*innen ableiten lassen.

2.9.1 Erstellung der Lernbaukasten-Architektur entlang der Lernzieltaxonomie

Die inhaltliche Basis für Ihren Lernbaukasten bildet Ihre bereits erstellte Gesamtübersicht über vorhandene und zu entwickelnde Lernbausteine entlang der Lernzieltaxonomie. Nun geht es darum, weitere Verknüpfungen zu schaffen, damit die in den vorangegangenen Kapiteln gewonnen Erkenntnisse genutzt und mit den individuellen Lernbedarfen der Zielgruppen abgeglichen werden können.

Bei der Erstellung der Gesamtübersicht konnten wir uns übergangsweise mit hierarchisch strukturierten Übersichtsblättern behelfen. Diese Lösung kommt jedoch an ihre Grenzen, wenn weitere Informationen mit den bestehenden Inhalten verknüpft werden sollen.

Bei der Erstellung der Lernbaukasten-Architektur stellt sich daher zunächst die Frage nach einer geeigneten technischen Plattform, die als Content-Management-System fungieren kann. Je komplexer die technische Lösung ist, desto mehr Funktionen kann sie erfüllen und Ihnen so das Leben erleichtern.

Mindest-Systemanforderung: Multiple Suchkriterien
Als Personalentwickler*in sollten Sie in Ihrem Lernbaukasten die Möglichkeit haben, die Lernbausteine und Kurse mit sämtlichen Kriterien zu verknüpfen, welche Sie in der linken Spalte Ihrer Exposés finden, sodass diese über eine intelligente Filterfunktion leicht gefunden werden können. Besonders wichtig sind im Rahmen der kompetenzorientierten Trainingsentwicklung die Filter für Kompetenzen, Lernzieltaxonomie-Stufen, Lernziele, Lernpräferenzen.

Das Prinzip ist hierbei ähnlich wie bei einem Online-Shop: Dort treffen Sie eine Vorauswahl nach gewünschter Kategorie, Größe, Farbe, Material etc., und das System spuckt Ihnen eine entsprechend eingegrenzte Anzahl von Suchergebnissen in Form von Produktangeboten aus.

Die Filterfunktion in Ihrem Lernbaukasten sollte nach demselben Prinzip, jedoch mit für die Kompetenzentwicklung relevanten Suchkriterien funktionieren. Sie erkennen so auf einen Blick, welche Bausteine Sie Ihren Mitarbeitenden und Führungskräften mit ihren spezifischen Lernpräferenzen und Trainingsbedarfen bereits anbieten können und welche Bausteine Ihnen zu bestimmten Kompetenzen bzw. auf gewissen Lernzieltaxonomie-Stufen noch fehlen.

Sollten Sie bereits über ein Kursmanagementsystem in Ihrer Personalentwicklung verfügen, können Sie dieses möglicherweise so anpassen (lassen), dass die oben genannten, für die kompetenzorientierte Trainingsentwicklung relevanten Kriterien sowie eine entsprechende Filterfunktion implementiert werden. Sollte dies nicht möglich sein, empfehlen wir für die kompetenzorientierte Trainingsentwicklung den Umstieg auf ein System, welche die oben genannten Systemanforderungen erfüllt.

Von uns empfohlene Systemanforderung: Schnittstellenanbindungen zu Kompetenzanalysetool und Lernplattform

Damit Sie Ihren kompetenzorientierten Lernbaukasten optimal nutzen können, empfehlen wir ein System, welches über die Möglichkeit zu Schnittstellenanbindungen an zwei weitere wichtige Tools verfügt: Ein Kompetenzanalysetool sowie eine Lernplattform:

- Über das Kompetenzanalysetool können Ihre Mitarbeitenden so die eigenen Kompetenzen selbst- und fremdeinschätzen (lassen) und ihre persönlichen Lernpräferenzen eingeben. Durch die Anbindung an den Lernbaukasten spricht das System nun automatisch individualisierte Lernpfad-Empfehlungen aus, indem es – unter Berücksichtigung der jeweiligen Lernpräferenzen – alle zu den Kompetenzdefiziten der Lernenden passenden Lernbausteine entlang der Lernzieltaxonomie in einer didaktisch sinnvollen Reihenfolge listet. Müssten Sie als Personalentwickler*in diese Arbeit von Hand für all Ihre Mitarbeitenden leisten, wären Sie vermutlich Tag und Nacht mit nichts anderem beschäftigt.
- Über die Anbindung einer Lernplattform, auf welcher die digitalen Lernbausteine Ihres Lernbaukastens nutzbar sind, können die Lernenden die empfohlenen Lernbausteine direkt nutzen. Zudem können auf den Lernzieltaxonomie-Stufen 1 und 2 (Wissen) sowohl Kompetenzanalysen als auch Lernzielkontrollen über die Quiz-Funktionen der Lernplattform ganz einfach innerhalb des Systems durchgeführt, verglichen und ausgewertet werden.

▶ Mit diesen drei über Schnittstellen verknüpften Elementen: Kompetenzanalysetool, Lernbaukasten und Lernplattform – wird die kompetenzorientierte Trainingsdurchführung für Sie als Personalentwickler*in buchstäblich zum Kinderspiel.

Sollten Sie hierfür Ihr eigenes System nutzen bzw. anpassen wollen, denken Sie bitte daran, dass alle Datenschutzbestimmungen des Gesetzgebers eingehalten werden und die Daten ggf. anonym ausgewertet werden müssen.

2.9.2 Befüllung des Lernbaukastens

Die Datengrundlage für die Befüllung des Lernbaukastens stellt die in Abschn. 2.7.1 beschriebene Gesamtübersicht zur Trainingsentwicklung sowie die Exposés zu den Lernbausteinen, Lernzielkontrollen und Kursen dar. Pflegen Sie nun Schritt für Schritt alle Exposés zu bestehenden und geplanten Lernbausteinen so in den Lernbaukasten ein, dass alle in den Exposés benannten Kriterien zu verknüpft suchbaren Kriterien werden. Die Gesamtübersicht zur Trainingsentwicklung dient Ihnen dabei als Checkliste, in der alle vorhandenen und benötigten Lernbausteine festgehalten sind.

▶ **Unser Praxistipp**
Wenn Ihr Lernbaukasten dies erlaubt, sollten Sie die Exposés von vorneherein innerhalb des Lernbaukastens anlegen. Damit sparen Sie sich den Schritt der Datenübertragung und somit viel Zeit.

Wir empfehlen hier ein System, das die Möglichkeit bietet, eine individuelle Auswahl aus den eingegebenen Informationen in Form eines PDF-Datenblatts (Exposés) auszuspielen, sodass Sie gezielt Informationen zu den Lernbausteinen auch mit Personen teilen können, welche nicht über die Lernbaukasten-Software verfügen.

So können Lernende mit nur einem Mausklick ein Exposé zu den in ihrem Lernpfad empfohlenen Lernbausteinen erhalten, oder Kolleg*innen, Vorgesetzte oder Dienstleistende erhalten eine gute Übersicht über bestehende, geplante oder zu überarbeitende Lernbausteine.

Verlinken Sie im nächsten Schritt – soweit Ihr Lernbaukasten diese Möglichkeiten bietet – mit jedem Lernbaustein-Eintrag alle zugehörigen Dateien und Informationen. Das können, je nach Architektur des Lernbaukastens,

- Links zu den Speicherorten von Lernbausteinen und den zugehörigen Lernzielkontrolldateien (falls diese in digitaler Form vorliegen),
- Hinweise auf Ablageorte analoger Lernbausteine,
- Links zu Trainerleitfäden, Drehbüchern oder Exposés,
- Links zu Verträgen, Korrespondenzen oder Notizen sein.

So haben Sie jederzeit raschen Zugriff auf alle relevanten Daten zu Ihren bestehenden und geplanten Lernbausteinen und können diese gezielt über verknüpfte Suchfunktionen aufrufen und bearbeiten.

2.9.3 Nutzung des Lernbaukastens zur Gestaltung individueller Lernpfade

Um Ihren Lernbaukasten optimal für die kompetenzorientierte Trainingsentwicklung und -durchführung zu nutzen, sollten Sie Ihre bisherigen Einträge zu den Lernbausteinen mit zwei weiteren Schnittstellen verknüpfen: Einem digitalen Kompetenzerfassungstool und einer Lernplattform (s. Abschn. 2.9.1). Durch diese beiden Verknüpfungen kann das System individuelle, kompetenzorientierte Lernpfade für Ihre Mitarbeitenden generieren.

▶ **Was ist ein Lernpfad?**

Ein Lernpfad ist die individuelle Auswahl von Lernbausteinen aus einem Lernbaukasten, die entlang der Stufen der Lernzieltaxonomie durchlaufen wird. Die persönlichen Lernpfade für Ihre einzelnen Mitarbeitenden ergeben sich aus den Ergebnissen ihrer Bedarfsanalyse (Selbst- und Fremdeinschätzung), Lernpräferenzeinschätzung und Ihrer Analyse der Rahmenbedingungen.

Wenn diese drei Systeme über Schnittstellen zusammenarbeiten, können Ihre Mitarbeitenden eigenständig über das Kompetenzerfassungs-Tool ihre individuellen Trainingsbedarfe ermitteln und Lernpräferenzen eingeben.

Ist dieser Prozess abgeschlossen, ermittelt der Lernbaukasten automatisch die passenden Lernpfade und Lernbausteine, sodass der*die Mitarbeitende einen individuellen Kompetenzentwicklungsplan erhält.

Durch die weitere Verknüpfung mit der Lernplattform, auf der die digitalen Lernbausteine und Lernzielkontroll-Bausteine abrufbar sind, können die Mitarbeitenden ihre Lernpfade in Form von digitalen Kursen mit abschließender Lernzielkontrolle durchlaufen.

Die Aufgabe der Personalentwicklung besteht dann in erster Linie in der Entwicklung passender Lernbausteine und der inhaltlichen Pflege des Kompetenzerfassungs-Tools, des Lernbaukastens und der Lernplattform.

Abb. 2.30 zeigt ein Schaubild zur Veranschaulichung des Zusammenspiels der drei Systeme.

Sollte Ihr Lernbaukasten-System keine Schnittstellenanbindung erlauben, haben Sie über den Lernbaukasten dennoch die Möglichkeit, auf Grundlage der Ergebnisse Ihrer Bedarfsanalyse (Kompetenzerfassung der Mitarbeitenden) individuelle Lernpfade zu ermitteln.

Hierfür müssen Sie jedoch etwas mehr Zeit investieren, da Sie die Lernpfade durch die manuelle Eingabe der ermittelten Kompetenzentwicklungsbedarfe und Lernpräferenzen in den Lernbaukasten für jede*n Mitarbeitenden einzeln generieren.

Kompetenzerfassung	Lernbaukasten	Lernplattform
Mithilfe eines Tools zur Selbst- und Fremdeinschätzung werden die Kompetenzenwicklungsbedarfe ermittelt und persönliche Lernpräferenzen erfasst.	Mithilfe des Lernbaukastens werden zu den individuellen Bedarfen und Lernpräferenzen passende Lernbausteine identifiziert und persönliche Lernpfade entlang der Lernzieltaxonomie vorgeschlagen.	Auf der Lernplattform werden die digitalen Wissens-Lernbausteine der empfohlenen Lernpfade durchlaufen und eine Lernzielkontrolle durchgeführt.

Die abschließende Lernzielkontrolle auf der Lernplattform dient gleichzeitig der Kompetenzerfassung auf der Lernzieltaxonomie-Stufe „Wissen" (Kennen und Verstehen).

Abb. 2.30 Schaubild zum Zusammenspiel von Kompetenzerfassungs-Software, Lernbaukasten und Lernplattform. (Eigene Darstellung)

Die individuellen Ergebnisse können Sie dann als Lernpfad-Empfehlungen an Ihre Mitarbeitenden weitergeben, anhand deren diese die passenden Lernbausteine und Lernzielkontroll-Bausteine auf der Lernplattform in der empfohlenen Reihenfolge nutzen.

Literatur

Arnold, R., & Erpenbeck, J. (2014). *Wissen ist keine Kompetenz. Dialoge zur Kompetenzreifung*. (Grundlagen der Berufs- und Erwachsenenbildung. 77). Schneider Hohengehren
Coffield, F., et al. (2004). *Learning styles and pedagogy in post-16 learning: A systematic and critical review*. Learning and Skills Research Centre.
Krathwohl, D. R., Bloom, B. S., & Masia, B. B. (1978). *Taxonomie von Lernzielen im affektiven Bereich* (2. Aufl.). Beltz.
Kühn, S., Gleich, T., Lorenz, R. C., Lindenberger, U., & Gallinat, J. (2013). Playing Super Mario induces structural brain plasticity: Grey matter changes resulting from training with a commercial video game. Molecular Psychiatry. Advance online publication. https://doi.org/10.1038/mp.2013.120)
Spitzer, M. (2009). Spielen und Lernen: Friedrich Schiller und der Wachstumsfaktor BDNF. *Nervenheilkunde, 5*(2008). Georg Thieme.
Vester, F. (1993). *Denken, Lernen, Vergessen* (20. Aufl.). Dtv.

Gehirngerechtes Lernen

3

In diesem Kapitel erfahren Sie ...

- welche Rolle gehirngerechtes Lernen für die Didaktik spielt.
- warum das Gehirn immer lernt.
- welche Bedeutung Neugierde auf das Lernen und Handeln hat.
- welche Rolle Emotionen für das Lernen spielen.
- wie Erfolgserlebnisse die Lernbereitschaft erhalten.
- warum Fleiß über dem Genie steht.
- wieso die Bedeutsamkeit der Lerninhalte das Lernen beeinflusst.
- warum der Erfahrungsbezug beim Lernen bei Erwachsenen eine wichtige Rolle spielt.

Welche Rolle spielt gehirngerechtes Lernen für die Didaktik? Die Antwort liegt klar auf der Hand: Gehirngerechtes Lernen spielt eine wesentliche Rolle für die auszuwählende Didaktik! Es gibt mittlerweile keinen ernstzunehmenden Lernforscher mehr, der diese Hypothese bezweifelt.

Warum aber werden diese Erkenntnisse immer noch so wenig in der Bildung und Weiterbildung berücksichtigt? Diese Frage haben wir uns immer und immer wieder gestellt.

Solange wir die Kluft zwischen der Wissensvermittlung mit dem berühmten „Nürnberger Trichter" und den Erkenntnissen der Lernforschung zum gehirngerechten Lernen nicht schließen, werden wir uns in der Weiterbildung nur schwerlich weiterentwickeln.

© Der/die Autor(en), exklusiv lizenziert an Springer Fachmedien Wiesbaden GmbH, ein Teil von Springer Nature 2023
U. Schirrmacher, *Kompetenzorientierte Personalentwicklung*,
https://doi.org/10.1007/978-3-658-41487-0_3

Im Folgenden fassen wir diese Erkenntnisse aus der Lernforschung (vgl. Hille, 2008) in möglichst einfachen Worten zusammen und illustrieren sie an einem persönlich erlebten Beispiel des Autors.

3.1   Das Gehirn lernt immer

Wofür ist unser Gehirn da? Na klar, zum Denken! Aber die Voraussetzung für das Denken ist das Lernen. Oder ist es doch umgekehrt? Der Ulmer Neurowissenschaftler Prof. Dr. Manfred Spitzer hat einmal gesagt: *„Das Gehirn lernt immer – und es tut nichts lieber"* (Spitzer, 2013). Ob dem viele Schüler zustimmen würden? Da bin ich mir nicht sicher, und viele Lehrer*innen wahrscheinlich auch nicht...

Bei einem sind sich Neurowissenschaftler weltweit jedoch einig: Unser Gehirn lernt immer. Leider nur nicht immer das, was es soll.

Warum merken wir uns oft Dinge, die wir uns gar nicht merken müssen, wie beispielsweise Witze? Geht es aber um Vokabeln für eine Fremdsprache, die wir für die Schule lernen sollen, scheint unser Gehirn in den Streikmodus zu wechseln.

> **Beispiel**
>
> Der Lehrer: *„Wenn die Herrschaften in der letzten Reihe etwas leiser würden, so wie die Comicleser in der mittleren Reihe, dann könnten die Schüler in der ersten Reihe ungestört weiterschlafen".*
> Finden Sie das lustig? Wenn ja, können Sie sich den Witz auch merken?
> Oder vielleicht doch lieber drei der zentralen japanischen Vokabeln anstelle des Witzes? Aber gerne:
> *Lehrer:* kyōshi.
> *Schüler:* gakusei.
> *Schlafen:* nemuru.
> Was meinen Sie, woran Sie sich eher erinnern, wenn ich Sie am Ende des Buches wieder danach frage?◄

Die Erfahrung zeigt, dass in vielen WhatsApp-Gruppen viel Lustiges weitergeleitet wird und viele darüber zumindest schmunzeln. Natürlich werden auch interessante Artikel weitergeleitet, die Betonung liegt auf „interessant".

Aber Hand aufs Herz: Glauben Sie, dass auch Lerninhalte zu theoretischen Modellen per WhatsApp weitergeleitet werden? Wohl eher selten, oder? Wie aber bekommen wir das Gehirn dazu, freiwillig Inhalte zu lernen, die wir ihm als Lehrende beibringen möchten? Um das zu erforschen, hat die Neurowissenschaft den „Profis" beim Lernen über die Schultern geschaut: Den Kindern. Kinder kommen in die Schule, sprechen die Muttersprache fließend und wenden die Regeln des Satzbaus etc. in der Regel korrekt an. Bis dahin haben sie keinen pädagogisch und fachlich geschulten Lehrer gebraucht, sofern ihre Muttersprache der Landessprache entspricht. Ich kann mich jedenfalls nicht daran erinnern, dass meine Eltern mit mir Vokabeln oder Grammatik vor meiner Schulzeit gepaukt haben. Im Gegenteil, meine Eltern taten sich mit der Grammatik beim Hausaufgaben helfen eher schwer…

▶ Wir lernen also auch viel Nützliches, ohne dass uns das bewusst ist oder uns große Mühe kostet. Die Natur hat das auf wunderbare Weise eingerichtet: Unser Gehirn lernt vollautomatisch und bildet dabei seine eigenen Regeln. Die gemachten Erfahrungen werden durch unser Gehirn abgespeichert, und die Erkenntnisse daraus helfen uns, uns in der Welt zurecht zu finden. Diese „Schwäche" unseres Gehirns fürs automatische Lernen können wir uns geschickt zunutze machen, um ihm die Inhalte unterzujubeln, an denen uns Lehrenden etwas liegt.

3.2 Neugierde als Grundlage unseres Lernens und Handelns

Als meine Familie vor mehr als 45 Jahren meinen Großonkel besuchte, sollte sich mein Leben von Grund auf verändern. Die Erwachsenen wollten am Abend gerne unter sich sein und verbannten uns Kinder zum Spielen in die Kellerbar. Als ich Stunden später wieder das Tageslicht erblickte, war ich ein Süchtiger nach seiner ersten Begegnung mit einer Droge, die mich mein Leben lang nicht mehr loslassen sollte.

Denn dort in der Kellerbar, vor zahllosen Flaschen mit Alkohol aller Art, funkelte in bronzefarbenem, weichem Licht – das Schlagzeug meines Großcousins. Es war Liebe auf den ersten Blick, und ich war in meinem ganzen Leben noch nie so gespannt wie auf den Moment, die ersten Beats unter den Händen meines Großcousins zu hören.

Kennen Sie das auch? Haben Sie schon einmal ein ähnliches Erlebnis gehabt?

Einige Lernforscher und Psychologen, wie beispielsweise Carl Rogers, sprechen von einer „natürlichen Neugierde, die Welt zu erforschen bzw. zu entdecken" (Rogers, 1977). Andere sprechen von einem sogenannten „angeborenen
Lerntrieb", dem natürlichen Wunsch zu lernen (Braun & Meier, 2004) Ist das nur
eine Hypothese, oder ist diese auch beweisbar?

Mit dieser Frage beschäftigten sich eine Reihe von Neurophysiologen und
fanden heraus, dass das Belohnungszentrum im menschlichen Gehirn Glücksbo-
tenstoffe ausschüttet, wenn die Neugier befriedigt wird. Zudem wirkt sich die
Neugierde direkt auf die Gedächtnisleistung aus. Denn je neugieriger man auf
eine Lösung ist, desto aktiver sind „Gedächtnisareale" wie der Hippocampus und
das Frontalhirn (Gruber, Gelman & Ranganath, 2014).

Vor diesem Hintergrund erscheint es nicht verwunderlich, dass vor allen Babys
sichtlich Spaß daran haben, die Welt zu erkunden, unermüdlich Laufen und Sprechen zu lernen – werden sie doch von ihren körpereigenen Glücksbotenstoffen
permanent für ihre Erfolge belohnt.

▶   „Menschen sind von Natur aus motiviert, sie können gar nicht anders,
     denn sie haben ein äußerst effektives System hierfür im Gehirn ein-
     gebaut" konstatiert der Neurowissenschaftler und Psychologe Prof.
     Dr. Manfred Spitzer (2003: 192).

Der oben geschilderte erste Impuls im schummrigen Keller meines Großonkels
gab mir den Kick, mich selbst einmal an das Schlagzeug zu setzen und es auszuprobieren. Doch dieser erste Impuls allein reichte für mich noch nicht aus,
um tatsächlich Schlagzeug spielen zu lernen. Hierzu bedurfte es noch weitere
entscheidende Faktoren, auf die ich in den folgenden Kapiteln näher eingehen
will.

3.3   Emotionen als Lernbeschleuniger

Mein Großcousin fing an zu spielen. Ich war wie gefesselt, während mein Bruder
sich eher langweilte. Mein Bruder hatte vorwiegend sportliche Interessen, er war
schon mit seinen 13 Jahren ein kleiner Tennisstar in unserer Heimatgemeinde.

In mir hingegen herrschte pure Freude. Zu diesem Zeitpunkt hatte ich weder
an einem Schlagzeug gesessen, noch hatte ich je Drumsticks in Händen gehalten.
Im Übrigen komme ich aus keiner musikalischen Familie. Doch die Leidenschaft
hatte mich unmittelbar gepackt und bis zum heutigen Tag nicht mehr losgelassen.

Alle diese Emotionen sind bei mir bis heute positiv verankert und werden jedes Mal aktiv, wenn ich mich an mein Schlagzeug setze.

Was ich damals erlebte, bestätigt die Erkenntnisse von Neurowissenschaftlern zur Rolle von Emotion beim Lernen: Je mehr sich die oder der Lernende für etwas begeistert und emotional berührt ist, desto mehr lernt sie oder er. Denn durch die positive emotionale Erregung wird Dopamin direkt in das Frontalhirn ausgeschüttet, was eine bessere Konzentration bei dem*der Lernenden hervorruft, und er*sie kann die Informationen besser verarbeiten. Gleichzeitig bewirkt Dopamin eine Aktivierung der Synapsen, was wiederum dazu führt, dass Neues besser und langfristiger abgespeichert wird. Diese Art des positiven Lernens wird von dem*der Lernenden als Glücksgefühl erlebt.

Leider gibt es auch genügend Beispiele dafür, was negative Emotionen beim Lernen mit mir gemacht haben. Bis zur 5. Klasse hatte ich beispielsweise in Mathematik gute bis sehr gute Noten. Mich hatte Mathematik in der Schule nie begeistert, aber auch nicht wirklich gestört. Doch dann bekamen wir einen neuen Mathelehrer, mit dem ich überhaupt nicht klarkam. Wann immer ich etwas nicht wusste, machte er mich mit seinen ironischen Kommentaren zum Gespött der Klasse.

Auf mich hatte dieses Verhalten eine verheerende Wirkung. Ich empfand Mathe als immer abstrakter und theoretischer, sodass ich dem Stoff bald nicht mehr folgen konnte. Ich war einfach blockiert. Mein Mathelehrer bestätigte mir daraufhin nur zu gerne, dass ich in Mathe eine Niete sei und ich es eh nicht mehr lernen würde. Er behielt leider Recht und ich bekam am Ende der 5. Klasse die Note 5 in Mathematik, bis zur elften Klasse hatte ich in den Zeugnissen nur Vieren oder Fünfen. In mir stieg innerlich schon die Angst auf, wenn ich nur an Mathe dachte.

Vielleicht kennen auch Sie dieses Gefühl? Wenn nicht, seien Sie froh!

▶   Lernt der Mensch also nur über positive Emotionen? Die Antwort lautet: Nein. Der portugiesische Neurowissenschaftler António Damásio zeigte, dass Emotionen für lebenserhaltende Prozesse fast aller Lebewesen von zentraler Bedeutung sind: „Das Besondere an uns Menschen ist, dass wir grundlegende Prozesse zur Regulierung des Lebens nutzen, darunter eben auch Emotionen und Gefühle. Lernen durch Emotionen hat dem Urmenschen geholfen, ihn am Leben zu erhalten." (Ponte, 2014).

Denn unter bestimmten Bedingungen können auch primär als negativ erlebte Emotionen das Lernen fördern. Eine der bekanntesten, in der Regel als negativ erlebten Emotionen, ist die Angst. Dennoch ist Angst, evolutionär gesehen, eine lebenswichtige Emotion, die den Menschen in brenzligen Situationen zu Höchstleistungen antreibt. Der sog. Tunnelblick hilft ihm, wichtige Details äußerst genau wahrzunehmen, um dann blitzschnell handeln zu können. Die Perspektive wird kurzzeitig verengt und kann damit hilfreich sein, um aus einer Gefahrensituation zu entkommen. Hierbei wird im Körper unter anderem der Botenstoff Adrenalin ausgeschüttet, der auch als „Stresshormon" bezeichnet wird.

Wird dieser Alarmzustand ausgelöst, so wird unmittelbar der Mandelkern im Gehirn aktiviert. Dieser spielt eine wichtige Rolle bei der emotionalen Bewertung und Wiedererkennung von Situationen und speichert die alarmauslösenden Umstände zusammen mit dem damit verbundenen Angstgefühl ab.

Der Mandelkern kennt in diesem Fall nur zwei Reaktionen, nämlich „Flucht" oder „Kampf". Die Hormonausschüttung hilft, dass der Körper stärker und schneller wird, je nachdem, ob er flüchten oder kämpfen muss. Das Gehirn benötigt genau diese Ressourcen zum Überleben, und vor allen Dingen, um das so *Gelernte* zum künftigen Überleben anzuwenden.

▶   Die modernen Menschen von heute sind den Gefahren von damals weniger ausgesetzt, es gibt kaum noch natürliche Feinde, vor denen wir fliehen oder mit denen wir kämpfen müssen, es sei denn, wir leben in einem Kriegsgebiet. Trotzdem reagiert das Gehirn des modernen Menschen genau wie vor Tausenden von Jahren: Es begegnet der vermeintlichen Gefahr durch eine angsteinflößende Prüfungssituation mit den gleichen Hormonausschüttungen wie der lebensgefährlichen Bedrohung durch ein wildes Tier.

Entsprechend entwickelte sich in meiner Jugend meine Strategie im Umgang mit dem Fach „Mathematik": Wie häufig habe ich das Fach „Mathe" geschwänzt, erfand immer neue Taktiken, um dem verhassten Schulfach zu entgehen. Mein größter Lernerfolg in sechs Jahren Mathematikunterricht bestand folglich in der Optimierung meines Fluchtverhaltens.

Das Lernen mit positiven Emotionen ist unter unseren heutigen Lebensumständen dem Lernen durch negative Emotionen also klar überlegen. Bei mir hat es sogar mein Leben verändert. Ich war und bin bis zum heutigen Tage vom „Schlagzeugspielen" angefixt, trotz aller Versuche meiner Eltern, diese Euphorie ein wenig einzudämmen. Schließlich ist ein Schlagzeug für alle, die ihm nicht persönlich verfallen sind, in erster Linie sehr, sehr laut...

Was also ist das Geheimnis dieser lebenslangen Leidenschaft, der ich freiwillig Wochen und Monate meines Lebens in dunklen Kellern opferte und für die ich allen inneren und äußeren Widerständen trotzte?

Bisher habe ich zwei grundlegende Voraussetzungen für erfolgreiches Lernen vorgestellt, nämlich Neugierde und positive Emotionen. Doch all das nützt nichts, wenn sich beim Lernen keine Erfolge einstellen. Daher komme ich zur nächsten wichtigen Voraussetzung für erfolgreiches Lernen – der „Erfolg".

3.4   Erfolg erhält die Lernbereitschaft

Als ich an jenem schicksalhaften Abend im Jahr 1974 dem Schlagzeugspiel meines Cousins lauschte, entstand in mir der dringende Wunsch, es auch einmal zu versuchen. Mein Cousin zeigte mir also zunächst, wie ich die Drumsticks richtig halten sollte, was ich mit dem rechten und dann mit dem linken Bein alles zu tun habe. Puh, das alles zu koordinieren ist für ein Gehirn bestimmt nicht leicht.

Doch trotz aller Mühen schaffte ich es, in kürzester Zeit, einen „Beat" zu schlagen, der sich nach etwas anhörte. Ich war stolz wie Bolle! Auch mein Cousin war über mein Können erstaunt und versicherte mir, dass ich Talent habe.

Ich wurde also sowohl intrinsisch als auch extrinsisch motiviert: Zum einen merkte ich selbst, dass ich ein Händchen fürs Spielen hatte, zum andern bekam ich von außen ein Kompliment.

Was aber passiert, wenn wir eine Lernaufgabe erfolgreich erledigen? In der Regel freut man sich und es kann ein richtiges Glücksgefühl entstehen, je nach Schwierigkeit der Aufgabe.

▶   Die Gehirnforschung hat dazu festgestellt, dass eben dieses Glücksgefühl, das sich bei Lernerfolgen automatisch einstellt, ein entscheidender Faktor für die nachhaltige Verankerung des Gelernten ist. Verantwortlich für dieses Glücksgefühl ist wieder einmal der Botenstoff Dopamin. Dieses Glücksgefühl motiviert den Lernenden immer weiterzumachen.

3.5   Fleiß steht über dem Genie

Nach dem besagten Abend am Schlagzeug war ich angefixt. Meine Eltern dachten (oder hofften?), das würde sich schon wieder legen. Von wegen, ich wollte ein eigenes Instrument, und nach langem hin und her bekam ich zu Weihnachten meine erste Trommel und wurde beim örtlichen Musikverein angemeldet. Dort bekam ich dann Schlagzeugunterricht. Was ich aber völlig unterschätzt hatte, war die Tatsache, dass ich viele rudimentäre Übungen mit den Schlagzeugstöcken auf einem nahezu klanglosen und wenig glamourösen Gummi-Pad absolvieren musste. Also hieß es üben, üben, üben. Ehrlich gesagt, war das nicht immer einfach, aber glücklicherweise stellten sich auch beim Üben schnell kleinere Erfolge bei mir ein.

Es ist mittlerweile bekannt, dass an Musikhochschulen einzig diejenigen zu Virtuosen werden, die ausdauernd geübt haben. Die Ausnahme bestätigt die Regel. Diese Tatsache wird auch in Fachkreisen nicht mehr bestritten. Auch ein*e Pilot*in muss regelmäßig in der Ausbildung, dann während seiner*ihrer Zeit als Pilot*in immer noch und immer wieder im Flugsimulator trainieren. Ist das ein Zufall? Bestimmt nicht.

▶   Das Wort „lernen" geht auf das Indogermanische Wort „lais" zurück, was „Spur" bedeutete. Die Gehirnforschung spricht beim Lernen von „Spurenlegen", was in unzähligen bildgebenden Verfahren nachgewiesen wurde. Wenn wir in diesem Bild bleiben, könnten wir sagen, dass Emotionen die Tiefe einer solchen Spur bestimmen, während Übung die Breite des Pfades bestimmt, der durch die häufige Nutzung einer Spur entsteht.

Man geht mittlerweile davon aus, dass mindestens 10.000 Stunden Übung notwendig sind, um zu einer echten Könnerschaft zu kommen. Es ist eben nicht ausreichend, talentiert zu sein. Es wird sehr viel über Talente geschrieben, welchen Einfluss „Talent" auf das Können hat. Das ist bis zum heutigen Tag immer noch nicht ganz geklärt. Was aber feststeht ist, dass Fleiß über dem Genie steht. Als aktiver Schlagzeuger habe in meinem Leben bereits sehr viel Zeit mit Üben von Rhythmen am Schlagzeug verbracht und dabei meine Familie das eine und andere Mal ganz schön genervt. Ohne Fleiß kein Preis, das steht fest. Immer wieder, immer wieder mit Lernhäppchen.

Warum bei mir aber der Fleiß immer noch anhielt, nachdem die erste Euphorie abgeklungen war, hat noch einen anderen wichtigen Grund: Das Schlagzeugspielen gewann in meinem Leben zunehmend an Bedeutsamkeit.

3.6 Bedeutsamkeit als Speicherkriterium

Hierfür kehre ich noch einmal zurück zu den Geschehnissen jenes Abends, an dem ich erstmals der Liebe meines Lebens – dem Schlagzeug – begegnen durfte (hoffentlich liest das nicht meine Frau…). Mein älterer Bruder war, wie immer, vor mir an der Reihe, und setzte sich an das Instrument. Ich merkte sofort, dass er sich fürs Schlagzeugspielen nicht im Geringsten interessierte. Offen gesagt, es hörte sich bei ihm – nun ja – nur ohrenbetäubend und grausig an.

Wichtig ist zu erwähnen, dass mein Bruder fünf Jahre älter ist als ich, und wir bereits ein gemeinsames Hobby hatten: Das Tennisspielen. Nun kann man sich gut ausmalen, dass ich gegen einen fünf Jahre älteren und begabten Tennisspieler keinerlei Chancen hatte. Er hatte beim Tennisspielen seine Leidenschaft gefunden und ist bis zum heutigen Tag ein erfolgreicher Tennisspieler. Ich stand immer im Schatten meines Bruders und trat bis zu diesem Zeitpunkt nie aus diesem Schatten hervor. Jetzt endlich witterte ich meine Chance!

Schlagzeug spielen hat mich also nicht nur emotional erfasst, es wurde auch bedeutsam für mich. Wäre das nicht geschehen, hätte ich diesen Abend mitsamt dem funkelnden Instrument vermutlich schnell wieder vergessen.

▶ Wenn Informationen für unser Gehirn bedeutungslos sind, filtert es diese in Nullkommanichts aus und macht sich erst gar nicht die Mühe, sie langfristig zu speichern. So einfach ist das! Warum sollte das Hirn sich mit bedeutungslosen Informationen auch belasten? Sie sind offenbar nicht lebenswichtig und damit nicht den Speicherplatz wert, den wichtigere Informationen vielleicht brauchen.

Aber was ist bedeutsam für die oder den Lernenden? Vor vielen Jahrtausenden war offensichtlich alles bedeutsam, was uns das nackte Überleben sicherte. Heute sind die Faktoren, die uns als existentiell bedrohlich erscheinen, sehr viel komplexer und vielfältiger als zu Zeiten von Säbelzahntiger, Mammut und Co. In der heutigen Zeit stehen daher ganz andere Themen im Vordergrund.

Für mich als Kind war es offenbar bedeutsam, meinem älteren Bruder in wenigstens einem Punkt überlegen zu sein und dadurch aus seinem Schatten zu treten. Doch wären mit den Jahren nicht weitere Faktoren hinzugekommen, hätte ich spätestens in der Pubertät möglicherweise das Interesse am Schlagzeugspielen verloren. Gerade zu dieser Zeit aber gewann das Instrument gleich in mehrfacher Hinsicht an enormer Bedeutung für mich.

Ich kenne mittlerweile eine Reihe von Rhythmen. Bei mir hat sich eine Menge Erfahrung angesammelt. Diese Erfahrung hilft mir, dieses Repertoire an

Rhythmen in unbekannten Musikstücken einzusetzen. Dieser Erfahrungsbezug spielt beim Lernen eine enorm große Rolle, vor allen Dingen bei Erwachsenen. Willkommen bei den Kompetenzen!

3.7   Erfahrungsbezug als Anker für neue Lerninhalte

Als ich an dem besagten Abend erstmals am Schlagzeug saß, war meine Erfahrung praktisch bei Null. Ich konnte nur auf das Schauen, was mein Cousin mit seinen Händen und Füßen vormachte. Erst im Laufe der Zeit gewann ich an Erfahrung.

Das ist auch der wesentliche Unterschied zwischen Kinderlernen und Erwachsenenlernen. Kinder haben natürlich noch nicht die Erfahrungen der Erwachsenen. Damit Kinder gut und gefahrlos auf das Leben vorbereitet werden, hat die Natur etwas eingerichtet, was Spaß und damit das Lernen einfach macht: Das Spielen! Bis Kinder in die Schule kommen, lernen sie spielerisch (auch hierzu gibt es mittlerweile genügend gesicherte Erkenntnisse), und sie tun es mit Freude. Denn das Gehirn lernt ja „immer, es tut nichts lieber" (Zitat Manfred Spitzer).

▶   Für Kinder ist vieles im Leben neu und sie haben in vielen Bereichen noch keine Erfahrungen gemacht, auf die sie zurückgreifen können. Um solche Erfahrungen zu sammeln, hilft dem Kind die natürlich vorhandene Neugierde.

Erwachsene lernen dagegen etwas anders. Das Gehirn gleicht beim Lernen das Neue mit bereits gespeicherten Erfahrungen ab. Jede Trainerin und jeder Trainer hat schon erlebt, dass Teilnehmende in der Gruppe äußern, dass das von der Trainerin oder dem Trainer Gesagte nicht stimme, da die Praxis doch anders sei. Schon kann sie oder er in Erklärungsnot geraten.

Dabei sind solche Einwände oft gar nicht böse gemeint. Die Lernenden möchten in ihrer Erfahrungswelt abgeholt werden, bzw. sie möchten, dass ihre Erfahrungen ernst genommen werden und mit in das Lernen integriert werden. Bei der Trainingsentwicklung ist es daher wichtig, einen Bezug zu typischen Alltagserfahrungen herzustellen und die neuen Lerninhalte damit zu verknüpfen.

Literatur

Braun, A. K., & Meier, M. (2004). Wie Gehirne laufen lernen oder: „Früh übt sich, wer ein Meister werden will!". Überlegungen zu einer interdisziplinären Forschungsrichtung „Neuropädagogik". *Zeitschrift für Pädagogik, 50.*

Gruber, M. J., Gelman, B. D., & Ranganatz, C. (2014). States of curiosity modulate Hippocampus-Dependent learning via the dopaminergic circuit. https://doi.org/10.1016/j.neuron.2014.08.060.

Hille, K. (2008). Wie lernen wir? *Infodienst – Das Magazin für kulturelle Bildung, 86,* 10–12. LKD.

Ponte, J. (2014). „Wir müssen unsere Erkenntnisse auf höhere Hirn-Ebenen skalieren". Interview mit António Damásio. *MIT Technologie Review,* 11.07.2014. https://www.heise.de/meinung/Interview-Antonio-Damasio-2250739.html.

Rogers, C. R. (1977). *Lernen in Freiheit. Zur Bildungsreform in Schule und Universität.* Kösel.

Spitzer, M. (2003). *Lernen: Gehirnforschung und die Schule des Lebens* (1. Aufl.). Spektrum Akademischer.

Spitzer, M. (2013). *Das Gehirn lernt immer – Und tut nichts lieber. Aspekte aus der Hirnforschung.* DVD-Video. Auditorium.

Die Zukunft des Lernens

4

In diesem Kapitel erfahren Sie ...

- wie sich Lernen in Zukunft verändern wird.
- warum der technische Fortschritt das Lernen weiter forcieren wird.
- warum künstliche Intelligenz (KI) gleichzeitig als Chance und als Bedrohung gesehen werden kann.
- welche Rolle KI beim zukünftigen Lernen spielen wird.
- wie Lernen individualisiert wird.
- wie eine hybride Personalentwicklung selbstgesteuertes Lernen unterstützen kann.
- wie sich die Rolle der Lernbegleiter*innen den Lernzieltaxonomie-Stufen anpassen wird.

4.1 Lernen quo vadis

Schlagworte, wie agiles Lernen, digitales Lernen, selbstbestimmtes Lernen, selbstgesteuertes Lernen, kooperatives Lernen usw. überrollen derzeit die einschlägige Fachliteratur zum Thema „Weiterbildung". In einem Punkt sind sich aber alle einig: Lernen wird sich verändern! Doch wie sieht die Zukunft des Lernens aus, bzw. in welche Richtung verändert sich das Lernen?

In einer Studie von McKinsey Global Institute kam heraus, dass die Corona Pandemie die Umbrüche am Arbeitsmarkt in Deutschland so weit verschärfen wird, dass sich bis 2030 über 6,5 Mio. Beschäftigte „neue Fähigkeiten

© Der/die Autor(en), exklusiv lizenziert an Springer Fachmedien Wiesbaden GmbH, ein Teil von Springer Nature 2023
U. Schirrmacher, *Kompetenzorientierte Personalentwicklung*,
https://doi.org/10.1007/978-3-658-41487-0_4

und Qualifikationen aneignen oder sich umschulen müssen" Es ist weiter davon auszugehen, dass sogar über 4 Mio. Arbeitnehmer*innen in komplett neue Berufe wechseln müssen (https://www.mckinsey.de/news/presse/mckinsey-global-institute-future-of-work-after-covid-19). Diese bevorstehenden Veränderungen haben einen enormen Einfluss auf das zukünftige Lernen, zumal die Einflüsse des technischen Fortschritts in der Studie noch gar nicht berücksichtigt wurden.

Um auf die Zukunft des Lernens zu schauen, ist es jedoch zunächst notwendig zu verstehen, wie Lernen bisher immer noch größtenteils organisiert wird.

4.2   Die Ausgangslage

Bisher bestimmt größtenteils die Personalentwicklung sowohl Ziele als auch Methoden und Medien der Weiterbildung im Rahmen einer festgelegten Lernorganisation nach dem sog. Angebotsprinzips. Hierbei kommt es darauf an, dass festgelegte Standards eingehalten werden, welche die Lernprozesse definieren. Das bisherige Weiterbildungssystem wirkt dabei größtenteils starr und unflexibel. Auf die Bedürfnisse des Individuums wird kaum Rücksicht genommen.

Um diese starren Strukturen aufzubrechen, benötigt es Antreiber. Einer dieser Antreiber wird u. a. der technische Fortschritt mit Künstlicher Intelligenz (KI) im Gepäck sein.

Um zu verstehen, wie sich der technische Wandel vollzieht, werfen wir jetzt einen Blick auf die bevorstehenden Veränderungen im Rahmen des technischen Fortschritts, welcher auch das zukünftige Lernen verändern wird.

4.3   Der technische Fortschritt als Lernantreiber

Der technische Fortschritt selbst wird begleitet von Innovationen und Digitalisierung. Der deutsche Investor und Buchautor Frank Thelen hat in seinem Buch „10xDNA" (Thelen, 2020) bereits einen Einblick mit konkreten Beispielen in das „Mindset der Zukunft" gegeben, wie sich unser Leben voraussichtlich verändern wird. Was auf uns technisch zukommen wird, ist für viele von uns noch kaum vorstellbar.

▶   Der technische Fortschritt wird – auch wenn nur Teile der im Buch Beschriebenen Prognosen tatsächlich eintreffen mögen – immer schneller und heftiger auf jede*n Einzelne*n von uns zukommen.

Das bedeutet aber auch, dass sich die fachlichen Kompetenzen immer schneller verändern werden.

Hierbei stellt sich eine zentrale Frage: Ist der Mensch überhaupt in der Lage, diesem technischen Fortschritt standzuhalten? Besteht nicht die große Gefahr, dass unsere Gesellschaft an diesem Punkt – und wahrscheinlich nicht nur an diesem Punkt – auseinanderdriften wird? Eine der Auswirkungen des technischen Fortschritts wird es sein, dass viele bisherige Arbeitsplätze in Zukunft nicht mehr existieren werden. Um es auf den Punkt zu bringen: Die Fähigkeiten, die wir heute brauchen, werden morgen nicht mehr benötigt. Dafür sind andere Fähigkeiten gefragt, für die wir uns unter Umständen zunächst qualifizieren müssen.

Es wird diejenigen geben, die den technischen Fortschritt als Chance begreifen und sich aktiv mit daran beteiligen. Diese werden entsprechend „Lernen" als Teil der eigenen, selbstbestimmten Entwicklung nutzen, um ihren eigenen Lernweg agil zu beschreiten. Diese Art der selbstbestimmten Entwicklung wird derzeit umfassend in der Literatur beschrieben (Graf et al., 2022).

Aber was machen die anderen, die mit dem technischen Fortschritt nicht mithalten können oder möglicherweise nicht wollen? Die Schnelligkeit von Veränderungen kann bei Menschen Angst auslösen und sie im schlimmsten Falle auch beim Lernen blockieren. Ein Teil der „Baby-Boomer"-Generation versucht sich in den Ruhestand zu retten, um persönlich von den Auswirkungen des technischen Fortschritts verschont zu bleiben. Doch der technische Fortschritt macht auch nicht vor Rentner*innen halt. Im Gegenteil: Es ist nur eine Frage der Zeit, dass beispielsweise die Verwaltung vollkommen digitalisiert wird, oder dass es zukünftig keine klassischen Bankgeschäfte mit „vor Ort Betreuung" mehr geben wird, usw. Mit solchen Entwicklungen Schritt zu halten, bedeutet für uns alle ein „lebenslanges Lernen". Dabei sind wir für uns selbst verantwortlich.

Die Rufe nach selbstgesteuertem Lernen und nach der „Abschaffung der Personalentwicklung" werden daher immer lauter. Nicht selten wird die Personalentwicklung als „Teil des Problems und nicht als Teil der Lösung" gesehen (Böhler, 2019: 84). Das mag für die eine oder den anderen Mitarbeitende*n aus der Personalentwicklung möglicherweise sogar zutreffen. Doch solche Pauschalaussagen sind nicht zielführend, da sie der Komplexität der Thematik nicht gerecht werden. Warum nicht? Schauen wir uns hierzu die Forderung nach „selbstgesteuertem Lernen" etwas genauer an.

4.3.1 Selbstgesteuertes Lernen

Selbstgesteuertes Lernen bedeutet zunächst, dass Lernende in eigener Verant-
wortung selbst entscheiden, was sie wann, wie, wo und mit wem lernen
möchten.

Das hört sich zunächst schlüssig an. Doch es setzt voraus, dass alle Mitarbeitenden selbstgesteuert lernen möchten und können. Um dies ausreichend
beurteilen zu können, kommen wir nochmals auf den Aspekt „technischer
Fortschritt" zurück. Es bleibt zu befürchten, dass nicht alle vom technischen
Fortschritt teilhaben, und in Folge sich somit am selbstgesteuerten Lernen beteiligen werden. Doch, was passiert mit denjenigen Mitarbeitenden, die sich damit
schwertun? Denken Sie beispielsweise an die „Digitalisierung", die vielen von
uns große Schwierigkeiten bereitet. Dieses zu lösen, wird einerseits eine große
Führungsaufgabe in Organisationen und andererseits eine große Personalentwick-
lungsaufgabe werden. Hierbei reicht es eben nicht aus, dass die Personalentwick-
lungsabteilung Weiterbildungsangebote zur Verfügung stellt. Im Gegenteil, die
Personalentwicklung wird zum strategischen Faktor zur Kompetenzerhöhung in
Organisationen.

Zusätzlich beinhaltet technischer Fortschritt noch eine weitere große Herausforderung, die jeden von uns treffen kann. Wir denken hierbei konkret an die
„künstliche Intelligenz (KI)". KI wird mit hoher Wahrscheinlichkeit Fluch und
Segen gleichzeitig sein. Beginnen wir zunächst mit dem Fluch.

4.3.2 KI als Bedrohung

Künstliche Intelligenz (KI) wird in Zukunft dafür sorgen, dass weitaus mehr Aufgaben als bisher rein von Computern übernommen werden. Das bedeutet, dass
viele herkömmliche Berufe ersatzlos gestrichen werden. Dahinter steckt nicht nur
eine rein wirtschaftliche Betrachtung. Für die meisten von uns bedeutet „arbeiten" nicht nur Geld verdienen, sondern Arbeit verleiht uns Sinn, strukturiert unser
Leben, prägt unser Selbstwertgefühl und gibt uns sozialen Halt in der Gesellschaft
(Schreck, 2018).

Wenn durch „KI" die bisher geleistete Arbeit entfällt, dann heißt das auch,
dass sich unsere persönliche Lebenssituation in Zukunft immer schneller verändern wird. Das bedeutet, dass Lernen ein zentraler Teil unseres Lebens werden
wird, da wir gezwungen werden, uns an immer neue Situationen flexibel anzupassen. Das wird sich auch im Rentenalter nicht ändern, wenn die digitalen
Anforderungen an den*die Einzelne*n sich weiter erhöhen. Denken Sie daran,

dass beispielsweise eine Steuererklärung nur noch digital per „Elster" an das Finanzamt übermittelt werden kann.

Doch bei allen Bedrohungen, die von KI ausgehen können, ergeben sich aus ihr auch Chancen.

4.3.3 KI als Chance

Mithilfe von KI können in Zukunft Simulationen und Berechnungen in kürzester Zeit erfolgen, die bisher Jahre gedauert haben. Beispiele hierfür sind etwa die Forschungen im Gesundheitsbereich, um Krankheiten frühzeitig erkennen und heilen zu können, oder an Pflegerobotern, die dem Pflegenotstand entgegentreten können. KI wird in der Lage sein, umfassend auf das Wissen von Expert*innen zurückzugreifen. KI ist vor allem schnell, was von Vorteil sein kann, wenn es beispielsweise um Entscheidungen geht. Sie kann komplexe Prozesse automatisieren und Kommunikationsprozesse optimieren.

4.3.4 Die Rolle der KI für das zukünftige Lernen

Ist KI in der Lage uns beim Lernen zu helfen? Die Autoren Uta Wilkens, Dominik Lins, Christopher Prinz und Bernd Kuhlenkötter haben darauf eine klare Antwort: Ja, „KI beeinflusst in Arbeitssystemen die Lernprozesse und die Kompetenzentwicklung". Sie haben eine Taxonomie des KI-gestützten Lern- und Entwicklungspotenzials entwickelt, bei der die „Niveaustufen herausgestellt werden, die durch KI-Einsatz entweder mittels gezielter Lerntools (formal und bewusst gestalteter Lernprozess) oder mittels KI-Arbeitsumgebungen (informell im Prozess der Arbeit) derzeit schon erreicht werden oder perspektivisch im Zuge von Implementierungsprozessen im Auge zu behalten sind" (Wilkens et al., 2019: 81 f.).

Schon jetzt sind KI-Modelle in der Lage, Lerninhalte und Lehrmethoden individuell und passgenau an das Lernniveau des*der Einzelnen anzupassen. Diese Art der Unterstützung funktioniert bereits bei kognitiven Lernprozessen mithilfe von entsprechenden Algorithmen. Der Einsatz von KI beim Lernen von sozialen und kooperativen Verhaltensweisen hingegen bleibt eine der großen Herausforderungen (siehe Abb. 4.1: Level 4). Hierbei wird es darauf ankommen, dass es gelingt, kognitives Lernen mit den sozialen Facetten des Lernens zu verbinden.

State of the art

Level 1	Level 2	Level 3	Level 4	Level 5
KI wird auf die individuellen kognitiven Verarbeitungsprozesse hin ausgerichtet	KI liefert verlässliche und nachvollziehbare Ergebnisse für die Entscheidungsunterstützung	KI fördert individuelles Lernen und individuelle Kompetenzentwicklung	KI unterstützt die Entwicklung der sozialen Arbeitsrolle	KI verzahnt organisationale und individuelle Lernprozesse über Rückkopplungsschleifen
Gute Beispiele aus pädagogischer Psychologie; hohes Potential bei adaptiven Systemen	Nach wie vor große Herausforderung an Datenmenge und Datenqualität	Durch komplexe Arbeitssysteme und digitale Assistenzsysteme erreichbar; Herausforderung an Arbeitsgestaltung	Derzeit nicht erreichbar, muss durch andere Facetten der Arbeitsgestaltung ergänzt werden; bleibt Herausforderung der Arbeitsgestaltung	Potenzial deutlich erkennbar; wird durch Kombination von Level 2 und 3 adressiert und ist an dieselben Herausforderungen geknüpft

Abb. 4.1 Taxonomie des KI-gestützten Lern- und Entwicklungspotenzials Uta Wilkens, Dominik Lins, Christopher Prinz, Bernd Kuhlenkötter, S. 82, Digitale Transformation-Gutes Arbeiten und Qualifizierung aktiv gestalten, Dieter Spath, Birgit Spanner-Ulmer (Hrsg.), WGAB, Berlin: GITO, 2019

4.4 Individualisiertes Lernen

Abgeleitet aus den oben aufgezeigten Entwicklungen werden u. a. die Auswirkungen auf das Lernen immens sein. Drei wesentliche Faktoren möchten wir herausgreifen:

- *Lernen wird personalisiert.* Das bedeutet, dass Lernen sich an den individuell vorhandenen und geforderten Kompetenzen mithilfe einer persönlichen Entwicklungsagenda orientieren wird.
- *Lernen wird selbstorganisiert.* Lernende bestimmen eigenverantwortlich selbst, wie sie lernen werden und welche Lernmethoden und Lernmedien sie nutzen möchten. Wichtig hierbei ist, dass Lernende auch die Bereitschaft mitbringen sich selbst zu organisieren.

• *Lernen wird beweglich.* Lernende bestimmen wann, wo und mit wem sie in Zukunft lernen möchten.

Während die Lernenden in der Vergangenheit eher in einer Konsument*innenrolle waren und sich aus einem Weiterbildungsangebot bedient haben, wird die Personalentwicklung sich an den einzelnen Bedürfnissen der Lernenden orientieren. Um alle Lernenden mitzunehmen, wird es notwendig sein, dass die Personalentwicklung den Einzelnen Hilfestellungen und Werkzeuge an die Hand gibt, um individualisiertes Lernen zu ermöglichen. Hierzu könnte eine hybride Personalentwicklung als Übergang zum reinen selbstregulierten Lernen dienlich sein.

4.5 Die hybride Personalentwicklung

Die Lösung für eine zukunftsorientierte Personalentwicklung könnte in einer hybriden Lösung liegen. Hierzu hat das Buch bereits Antworten gegeben, die wir noch einmal zusammenfassen möchten:

• Personalentwicklung als Hüterin von Kompetenzen (operativ und strategisch)
• Initiatorin von Kompetenzmessungen
• Anstoßen von Lernprozessen bei einem Teil der Mitarbeitenden, die nicht selbstgesteuert lernen können oder möchten
• Mitarbeitenden selbstorganisiertes Lernen ermöglichen
• Rahmenbedingungen für selbstgesteuertes Lernen gestalten
• Bereitstellen von Lernangeboten
• Qualitätsmanagement für Lernangebote
• Kooperationspartnerin für interne und externe Lernanbieter*innen
• Entwicklung neuer Lernformate

Wir wissen, dass in Zukunft auf unser Leben große Veränderungen zukommen werden, die auch unser Lernverhalten betreffen wird. Wie genau diese Zukunft aussieht und welche Rolle die KI dabei spielen wird, darüber können wir nur spekulieren. Um erfolgreich zu sein, wird sich das Lernverhalten an den Entwicklungen anpassen und sich immer weiter personalisieren. Die Personalentwicklung wird sich in Richtung „Kompetenzentwicklung" mit veränderten Aufgaben entwickeln. Dabei wird eine ihrer Aufgaben sein, alle Mitarbeitenden bei deren persönlichem Entwicklungsweg zu begleiten.

4.6 Die neue Rolle der Lernbegleiter*innen entlang der Lernzieltaxonomie-Stufen

Nicht nur die Zukunft des Lernens wird sich verändern, sondern auch die Rolle von denjenigen, die andere in ihren individuellen Lernprozessen unterstützen. In der Vergangenheit wurden hauptsächlich Präsenzseminare in der Weiterbildung entwickelt, die von Seminarleiter*innen durchgeführt wurden. Deren Rolle war sehr eindeutig definiert, da es hauptsächlich um die Wissensvermittlung und Reflektion des Gelernten ging. In den letzten Jahrzehnten hat sich das Bild des Seminarleiters und der Seminarleiterin immer weiter differenziert. Zur klassischen Wissensvermittlung kam das Trainieren hinzu, wie beispielsweise mithilfe von Rollenspielen. Ebenso wurden Coaching-Elemente, wie „Brief an sich selbst schreiben" usw. mit aufgenommen. Da zeichnete sich bereits das veränderte Verständnis des klassischen Rollenverständnisses von Seminarleiter*innen ab.

Seit Anfang des 21. Jahrhunderts ist der Begriff der Lernprozessbegleitung in aller Munde. Es geht dabei um die Begleitung, die Unterstützung und das Reflektieren des individuellen Lernens und des Lernfortschritts.

Wenn wir uns nun näher mit dem Begriff der Lernprozessbegleitung auseinandersetzen, stellen sich zwei zentrale Fragen im Hinblick auf kompetenzorientiertes Training:

1. Wann treten Lernbegleiter*innen im Rahmen des kompetenzorientierten Lernens überhaupt in Erscheinung?
2. Welche Rolle übernehmen Lernbegleiter*innen im Rahmen des kompetenzorientierten Lernens innerhalb der Lernzieltaxonomie-Stufen?

Es macht einen großen Unterschied für die Trainings-Konzeption, ob und wie Lernbegleiter*innen in kompetenzorientiertes Lernen eingebunden werden.

Nachdem in den letzten Jahren immer mehr Forderungen zum „selbstbestimmten- oder kollaborativen Lernens auftauchen, sind die beiden gestellten Fragen in Zukunft mehr als relevant.

Schauen wir uns hierzu die einzelnen Lernzieltaxonomie-Stufen genauer an:

Lernbegleitung bei „Kennen und Verstehen"

Nachdem der Trend in Richtung selbstbestimmtes Lernen geht und die Digitalisierung beim Lernen immer mehr zum Standard wird, leitet sich für die ersten beiden Lernzieltaxonomie Stufen folgende Handlungsempfehlung ab:

▶ **Unser Praxistipp**
Anhand des individuellen Lernpfades kennen die Lernenden ihre Kompetenzthemen, die im Selbststudium eigenständig gelernt werden sollen. Innerhalb der ersten zwei Lernzieltaxonomie-Stufen spielt die Lernbegleitung daher eine eher untergeordnete Rolle. Wir schlagen vor, dass zu Beginn einer Lernreise die Lernbegleiter*innen den Lernenden vorgestellt werden und sie für Verständnisfragen und für technische Fragen zur Verfügung stehen. Die Rolle selbst ist eher als untergeordnet einzustufen.

Lernbegleitung bei „Anwenden"
Innerhalb der Lernzieltaxonomie-Stufe „Anwenden" steht das „experimentelle Trainieren" im Fokus. Im Rahmen des Trainings sollten die Lernbegleiter*innen folgende Rolle spielen:

▶ **Unser Praxistipp**
In der Lernzieltaxonomie-Stufe „Anwenden" sollte der*die Lernbegleiter*in die originäre Rolle des, Trainierens übernehmen, ähnlich wie beim Training im Sport. Sie geben Feedback, analysieren und reflektieren die Lernfortschritte und stehen als Coach und als aktive Sparringspartner*innen für die Lernenden zur Verfügung. Ihnen kommt dabei eine besondere Vertrauensrolle zu.

Lernbegleitung bei „Transferieren und Selbstorganisieren"
Wenn wir nun die Stufen „Transferieren" und „Selbstorganisieren" näher betrachten, benötigen wir eine angepasste Herangehensweise, die auf selbstorganisiertes Lernen einzahlt. Denn dies sind die Phasen, in denen sich die Lernenden in ihrer beruflichen Praxis bewegen.

▶ **Unser Praxistipp**
Wir empfehlen, dass die Intensität der Lernbegleitung immer mehr abnimmt, damit die Lernenden die Chance nutzen können, selbstorganisiert auf eigenen Füßen zu stehen. Die Zeiträume zwischen den Coachings sollten hierbei immer länger werden, bis die vollkommene „Selbstorganisation" bei den Lernenden eintritt.

Da im Rahmen von kollaborativem Lernen immer mehr Praxisprojekte angestoßen werden, bietet sich die Gelegenheit, dass Lernbegleiter*innen als Lernpaten*innen für solche Praxisprojekte zur Verfügung stehen.

Da die Lernenden sich nun in der eigenen beruflichen Praxis befinden, kommen die bereits erwähnten Methoden zum Einsatz, die auf die Selbstorganisation beim Lernen einzahlen. Die Lernbegleiter*innen sollten sich explizit mit diesen Formaten, wie Design Thinking, WOL Methode, Barcamp, etc. auskennen, um diese ggf. als Moderator*innen zu begleiten.

Literatur

Böhler, C. (2019). Disrupt HR. Das Ende der bekannten Personalentwicklung. *ManagerSeminare, 260*. ManagerSeminare

Graf, N., Gramß, D., & Edelkraut, F. (2022). *Agiles Lernen. Neue Rollen, Kompetenzen und Methoden im Unternehmenskontext* (3. Aufl.). Haufe.

Schreck, K. (2018). Welche Arbeit macht Sinn? Eigentlich jede, wenn … . Perspektiven-Blog, Haufe Akademie, 13. September 2018. https://www.haufe-akademie.de/perspekti ven/sinn-im-job/.

Thelen, F. (2020). *10xDNA. Das Mindset der Zukunft*. Frank Thelen Media.

Wilkens, U. et al. (2019). Lernen und Kompetenzentwicklung in Arbeitssystemen mit künstlicher Intelligenz. In D. Spath & B. Spanner-Ulmer (Hrsg.), *Digitale Transformation – Gutes Arbeiten und Qualifizierung aktiv gestalten*. https://doi.org/10.30844/wgab_2019.

Assessment Center neu gedacht

5

In diesem Kapitel erfahren Sie ...

- warum Assessment Center bis heute erfolgreich sind.
- wie Sie ein kompetenzorientiertes Assessment Center in der Praxis etablieren können.
- wie Sie die benötigten Kompetenzen zur Stellenbesetzung ermitteln.
- wie Sie die Mindestanforderungen der zu erreichenden Kompetenzziele festlegen.
- welche Assessment-Center-Übungen infrage kommen.
- warum Auswahl und Training der AC-Beurteilenden eine so wichtige Rolle spielen.
- worauf es beim Assessment Center wirklich ankommt.
- wie digitales Assessment Center funktionieren kann.

In den bisherigen Kapiteln haben wir die zentralen Aufgaben der Personalentwicklung herausgearbeitet, insbesondere den Bereich von Kompetenzmessungen, die als Grundlage für die persönliche Entwicklung der Mitarbeitenden dienen. Kompetenzmessungen können nicht nur für den individuellen Weiterbildungsbedarf herangezogen werden, sondern sie eignen sich auch für ein Personalauswahlverfahren (Assessment Center). Im folgenden Kapitel schildern wir Ihnen Möglichkeiten, Kompetenzmessungen im Rahmen von Assessment Centern für sich zu nutzen. Hierbei gehen wir u. a. auch auf die Möglichkeit eines digitalen Assessment Centers ein. Schauen wir zunächst auf das klassische Assessment Center.

© Der/die Autor(en), exklusiv lizenziert an Springer Fachmedien Wiesbaden GmbH, ein Teil von Springer Nature 2023
U. Schirrmacher, *Kompetenzorientierte Personalentwicklung*,
https://doi.org/10.1007/978-3-658-41487-0_5

Das klassische Assessment Center hat in Deutschland seinen Ursprung bei der Auswahl von Offizieren, Piloten, Kraftfahrern und Funkern beim Militär nach dem ersten Weltkrieg. Im Laufe der Zeit wurde es mithilfe von psychologischen Testverfahren immer weiterentwickelt, bis es dann außerhalb des Militärs in Unternehmen erfolgreich Einzug gehalten hat. Aber was verstehen wir unter einem Assessment Center?

Das Assessment Center ist ein Personalauswahlverfahren, das vor allem die überfachlichen Kompetenzen der Bewerber*innen prüft („to assess"). Viele kennen noch die klassische Form des Assessment Centers, bei dem Gruppen von bis zu 12 Personen im Rahmen von mehreren Tagen verschiedene Übungen wie Präsentationen, Interviews, Gruppendiskussionen, Rollenspiele und Tests oder Fallstudien durchlaufen. Eine aufwendige Aktion, verbunden mit langer Abwesenheit vom Arbeitsplatz für alle Beteiligten und für die Beobachtenden mit strapazierend langen abendlichen Beobachterkonferenzen. Für die beauftragten Psycholog*innen externer Beratungsfirmen allerdings ein einträgliches Geschäftsfeld!

Hat sich all diese Mühe gelohnt? Darauf kann man mit einem klaren *Jein* antworten. Die abgeleiteten Beurteilungen und Entscheidungen waren sicherlich fundiert und hilfreich. Allerdings hätte man diese Erkenntnisse auch viel effizienter erreichen können. Heute wird das Assessment Center daher neu gedacht. Dazu später mehr.

5.1 Das Erfolgsrezept des Assessment Centers

Das Assessment Center als Methode ist nach wie vor unübertroffen. Es gibt immer noch keinen besseren Weg, externe oder interne Kandidaten möglichst objektiv, neutral und vergleichbar zu bewerten. Kein interner Personalverantwortlicher oder keine fachliche Führungskraft allein kann ihre Mitarbeitenden oder Bewerber*innen in dieser Professionalität wirklich beurteilen. Vor allem dann nicht, wenn er*sie die Mitarbeitenden schon kennt und nicht mehr unvoreingenommen ist.

Ein wesentlicher Vorteil des Assessments ist das Mehraugenprinzip. Es gibt immer mehrere Beobachtende (Assessoren), die von psychologisch ausgebildeten Expert*innen geschult und angeleitet werden. In der Beurteilung hat nämlich grundsätzlich kein*e Einzelne*r „recht" (auch nicht die Psycholog*innen!), und es gibt keine wirkliche Objektivität, wenn es um Menschen geht. Allerdings schafft die Vielfalt mehrerer Assessor*innen einen Ausgleich, sozusagen eine „gemittelte Subjektivität". Die gemeinsame Einschätzung und der Ausgleich von

Beobachtungsfehlern untereinander ergeben eine zutreffendere Einschätzung als Einzelbewertungen. Die Summe ist auch hier wieder mehr als die Einzelteile. Eine weitere Zutat zum Erfolg des Assessment Centers ist der Fokus auf beobachtbares Verhalten. Es wird nicht spekuliert, interpretiert oder geschlussfolgert, bewertet wird vielmehr konkret gezeigtes Verhalten. Was zählt, ist nicht die Absicht, das Wissen oder das Motiv, sondern die tatsächliche Umsetzung und das erreichte Ergebnis – genau wie im Arbeitsleben.

Hier zeigt sich der größte Gewinn gegenüber den anderen Methoden. Im Interview hört man oft beeindruckende Selbstbeschreibungen – und erlebt hinterher die größten Überraschungen. Ein Verkäufer sagt über sich selbst: *„Ich kann Kunden begeistern"*. In einer simulierten Verkaufssituation hört man dann allerdings nur ein paar sachliche Argumente und erlebt keine emotionale Überzeugungskraft oder gar Begeisterungsfähigkeit. Schade!

Eine andere Bewerberin beschreibt sich selbst als partnerschaftliche Führungskraft, die transparent und auf Augenhöhe führt. Ein modernes Führungsverständnis sei ganz, ganz wichtig! Diese Selbstbeschreibung wird durch anschauliche Beispiele „belegt". Was meinen Sie? Klingt doch wunderbar, genau so jemanden suchen wir! Dann geht die Bewerberin ins Rollenspiel, ein Mitarbeitendengespräch. Dieses führt sie taktisch geschickt und ergebnisorientiert, aber dominant und autoritär. Sie macht direktive Vorgaben, anstatt den Mitarbeiter und dessen Bedürfnisse einzubeziehen. Wichtige Informationen hält sie zurück – von wegen Transparenz! Moderne Führungskraft? Es ist, als ob man einen anderen Menschen erlebt als im Interview.

Was ist passiert? Der Wunsch ist in diesem Falle stärker als die Wirklichkeit. In der Selbstbeschreibung hört man oft die eigene Idealvorstellung der Bewerberin bzw. des Bewerbers von sich selbst (oder was sie*er meint, was für die Funktion erwartet wird). Durch die Herausforderung eines schwierigen Mitarbeitendengesprächs sind Bewerber*innen hingegen in der Umsetzung gefordert: Die Situationen sind knifflig, man hat mit widerspenstigen oder resignierten Gesprächspartnern zu tun und soll diese von unattraktiven Optionen überzeugen. Oder man muss kritische Rückmeldungen geben (der Klassiker: schlechter Körpergeruch). Da ist man wirklich gefordert.

In einer Bewerbungssituation versuchen natürlich alle ihr Bestes zu geben, aber niemand kann über die eigenen Fähigkeiten hinauswachsen. Dies gelingt vielleicht noch in der – häufig eingeübten – Selbstbeschreibung, nicht aber im spontanen Verhalten. In der Umsetzung fällt auch der allerbeste Vorsatz schnell wieder auf die eigene Persönlichkeit mit ihren mehr oder weniger entwickelten Kompetenzen zurück, oder der*die Bewerber*in wirkt nicht authentisch.

Damit ist gleich ein häufiger Einwand ausgeräumt: Nein, man kann sich nicht über die Dauer und Intensität der verschiedenen anspruchsvollen Herausforderungen eines Assessment Centers hinweg komplett verstellen! Wenn es jemandem gelingt, die geschulten und kritischen Assessor*innen zu überzeugen, dann schafft er*sie es auch im Berufsalltag. Mehr wollen wir ja gar nicht wissen. Ob jemand im Privatleben eigentlich introvertiert und schüchtern ist, interessiert uns nicht, wenn sie oder er es im beruflichen Kontext schafft, mit der erforderlichen Offenheit und dem nötigen Selbstbewusstsein zu agieren.

Eine weitere Erfolgszutat eines Assessment Centers ist der Anforderungsbezug der Übungen. Wenn es beispielsweise um die Zielgruppe „Verkäufer*in" geht, wird man verkaufstypische Situationen zusammenstellen. Von wenig phantasievollen Aufgabenstellungen *(„Verkaufen Sie uns diesen Stift!")* bis zu unternehmenstypischen Verkaufssituationen mit Bedarfsanalyse, Produktargumentation, Preisverhandlung oder Reklamationsbearbeitung kann alles dabei sein.

Entscheidend wie Backpulver im Kuchenteig, ist außerdem die Professionalität der Methodik (strukturierte Beobachtungs- und Bewertungsbögen, übungsspezifische Operationalisierungen der Kriterien etc.). Und alles steht und fällt mit der Basis des Assessment Centers, dem zugrunde liegenden Kompetenzkatalog. Was Kompetenzen sind und worauf es dabei ankommt, haben wir ja in Kap. 1 schon geklärt. Die Kompetenzen sollten relevante Anforderungen für die Funktion abdecken, fundiert und gleichzeitig praktikabel sein. Sonst geht der ganze „Kuchen" nicht auf!

5.2   Der „Change" beim Ablauf des Assessment Centers

Auch das Assessment Center unterliegt dem Wandel und passt sich neuen Rahmenbedingungen an. Was hat sich verändert? Großgruppen-Assessments sind heute eher selten. Denn viele gleichzeitig Teilnehmende erfordern aufwendige verschachtelte Zeitpläne und bringen meist zeitliche Leerläufe und Wartezeiten mit sich – oder noch schlimmer: Lückenfüller-Aufgaben. Wertschätzung sieht anders aus.

Ein weiterer Faktor ist die Frage der Diskretion. Im Assessment Center exponiert man sich anderen gegenüber schon durch die Teilnahme. Oft trifft man dabei auf konkurrierende interne oder externe Kolleg*innen, was peinlich bis problematisch sein kann. Zudem zeigt man sich im Assessment auch in seinen Schwächen und Grenzen, damit muss man sich nicht noch anderen Teilnehmenden gegenüber aussetzen. Dies gilt es bei der Planung von Assessment Centern mit zu berücksichtigen.

Und noch etwas ist heute wichtig: Respekt, den Teilnehmenden auf Augenhöhe begegnen, sie einbeziehen, das Assessment zu einer positiven Erfahrung machen. Eine angenehme Atmosphäre schaffen, einen wertschätzenden Umgang zeigen. Außerdem Transparenz über den Rahmen, den Inhalt und die Beteiligten des Assessments im Vorfeld gewährleisten. Und: Einen Mehrwert unabhängig von der Entscheidung bieten, beispielsweise durch anschließendes stärkenorientiertes Feedback. Vorbei sind die Zeiten, in denen von oben herab über Teilnehmer*innen „geurteilt" wurde, und Stresstests oder unzumutbare Aufgaben durchgeführt wurden. Employer Branding ist gefragt, nach innen und außen.

5.3 Das Assessment Center als Erfolgsfaktor für ein kompetenzorientiertes Auswahlverfahren

Wie können wir die Erfolgsrezepte des Assessment Centers erhalten, aber den Aufwand reduzieren?

Zeit ist ein wichtiger Faktor – war es schon immer *(„Zeit ist Geld")*, aber heute ist Zeit auch eine Haltung. Wie das? Zeit bedeutet auch Wertschätzung. Ich nehme mir Zeit für Dich, ich schätze die Zeit, die Du mir schenkst. Und ich strapaziere sie nicht unnötig. Dies gilt im Assessment Center für Teilnehmende und Beobachtende gleichermaßen. Also soll alles schneller gehen. Aber natürlich nicht schlechter!

▶   Die Lösung ist Effizienz und Konzentration auf das Wesentliche. Die Erkenntnis aus einer zweiten ermüdenden Gruppendiskussion oder aufwendigen Fallstudie steht meist nicht mehr in Relation zum diagnostischen Nutzen. Die abendfüllende Beobachterkonferenz verbessert nicht unbedingt die Ergebnisqualität.

Unser Vorschlag: Individuell zugeschnittene Einzel-Assessments und kompakte Formate. Tatsächlich ist es heute möglich, den diagnostischen Nutzen von früher mehrtägigen Assessments in wenigen Stunden zu erreichen. Wie kann das

gelingen? Die Antwort ist: Professionalisierung, Customizing und Digitalisierung.
Wie könnte nun ein professionell entwickeltes Assessment Center aussehen, welches kompetenzorientiert ausgerichtet ist? Im folgenden Kapitel zeigen wir Ihnen
einen Lösungsansatz zur Entwicklung eines Assessment Centers. Die gute Nachricht hierbei ist, dass wir hierbei bereits Einiges aus den vorherigen Kapiteln
übernehmen können.

5.4 Die fünf Schritte zum kompetenzorientierten Assessment Center

In diesem Kapitel erläutern wir, welche 5 Schritte Sie durchführen sollten, um
in Ihrem Unternehmen eine valide Basis für die Umsetzung eines kompetenzorientierten Assessment Centers zu schaffen. Wir werden bei einzelnen Schritten
Verweise auf bereits beschriebenen Kapiteln geben.

Für das Assessment Center stehen hierbei zwei grundsätzliche Fragen als
Anforderungen im Raum:

1. Welche Kompetenzen *muss* der*die zukünftige Stelleninhaber*in unbedingt
   mitbringen (must have)?
2. Welche Kompetenzen *sollte* der*die zukünftige Stelleninhaber*in wünschens-
   werterweise mitbringen (nice zu have)?

Mithilfe des Assessment Centers soll herausgefunden werden, ob der/die Bewerber*in diese Anforderungen tatsächlich auch erfüllen, um als geeignete Stelleninhaber*in ausgewählt zu werden.

Zunächst die 5 Schritte im Überblick:

Die 5 Schritte zum kompetenzorientierten AC

1. Kompetenzermittlung zur Stellenbesetzung
2. Festlegung der Mindestanforderungen der zu erreichenden Kompetenzziele
3. AC-Inhalte bestimmen
4. Auswahl und Entwicklung von AC-Übungen
5. Auswahl und Training der AC-Beurteilenden

Schauen wir uns jetzt die einzelnen Schritte genauer an:

5.4.1 Kompetenzermittlung zur Stellenbesetzung

Im Rahmen der Kompetenzermittlung geht es um das Herausfinden der zu messenden Kompetenzen, die für die zu besetzende Stelle benötigt werden. Achten Sie hierbei darauf, dass höchstwahrscheinlich nicht alle möglichen Kompetenzen abgeprüft werden können. Daher macht es Sinn, eine Auswahl der zu prüfenden Kompetenzen/Teilkompetenzen zu treffen. Die Auswahl sollte in Zusammenarbeit mit der Fachabteilung erfolgen.

Anschließend nehmen Sie eine Gewichtung der zu prüfenden Kompetenzen vor. Dies hängt sehr stark von der gesuchten Funktion ab. Wenn Sie beispielsweise eine*n Pressesprecher*in suchen, ist die Wahrscheinlichkeit sehr hoch, dass die kommunikative Kompetenz in der Gewichtung ganz oben stehen wird. Eine andere Kompetenz könnte möglicherweise in der Gewichtung der zu prüfenden Kompetenzen etwas niedriger als die kommunikative Kompetenz sein. Diese vorzunehmende Gewichtung hilft Ihnen später bei der Auswahl und Entwicklung der Assessment-Übungen bezüglich Länge und Komplexität.

5.4.2 Festlegung der Mindestanforderungen der zu erreichenden Kompetenzziele

Im zweiten Schritt geht es um die Festlegung der Mindestanforderungen der zu erreichenden Kompetenzziele. Daraus leitet sich folgende Fragestellung ab:

Muss ein*e Bewerber*in eine Kompetenz/Teilkompetenz zu 100 % erfüllen, oder reichen vielleicht nur 80 % aus? Im Idealfall erfüllt ein*e Bewerber*in alle Kompetenzen zu 100 %. Da dies aber in der Praxis kaum realistisch ist, sollten Mindestanforderungen zu den jeweiligen Kompetenzen festgelegt werden, welche die Bewerber*innen erfüllen müssen. Hierzu ist es erforderlich, sich einzelne Funktionen genauer anzusehen und die damit verbundenen Mindestanforderungen mit der entsprechenden Fachabteilung festzulegen.

Sowohl die Auswahl der gewünschten Kompetenzen mit der entsprechenden Gewichtung als auch das Festlegen der Mindestanforderungen hilft Ihnen dabei, die zu messenden Assessment-Inhalte zu bestimmen.

Mithilfe der ersten beiden Schritte haben Sie die Möglichkeit eine Kompetenztabelle zu erstellen, die…

1. die zu prüfenden Kompetenzen auflistet.
2. die zu prüfenden Kompetenzen in eine Rangreihe bringt.
3. Mindestanforderungen an die zu prüfenden Kompetenzen festlegt.

5.4.3   AC-Inhalte bestimmen

Im dritten Schritt geht es um die Bestimmung der zu messenden Assessment-Inhalte. Diese leiten sich aus Schritt 1 und 2 ab, in denen die Auswahl der zu prüfenden Kompetenzen festgelegt wurde. Bei Schritt 3 geht es noch nicht um die eigentliche Entwicklung der Assessment-Center-Übungen, diese erfolgt erst danach.

Die Inhalte sollten auf die zu messenden Kompetenzen einzahlen und nachvollziehbar sein. Wenn Sie bereits eine kompetenzorientierte Trainingsentwicklung durchführen, können Sie sich bei den hierfür bereits ausgewählten Inhalten bedienen. Ansonsten stellen Sie die dafür geeigneten Inhalte auf und ordnen diese den Kompetenzen zu.

5.4.4   Auswahl und Entwicklung von Assessment-Übungen

Der Auswahl und Entwicklung von Assessment-Übungen kommt eine große Bedeutung zu. Hierzu sollten Übungen verwendet werden, die auf beobachtbares Verhalten einzahlen. Rufen wir uns hierzu noch einmal die Lernzieltaxonomie ins Gedächtnis (vgl. Abb. 5.1).

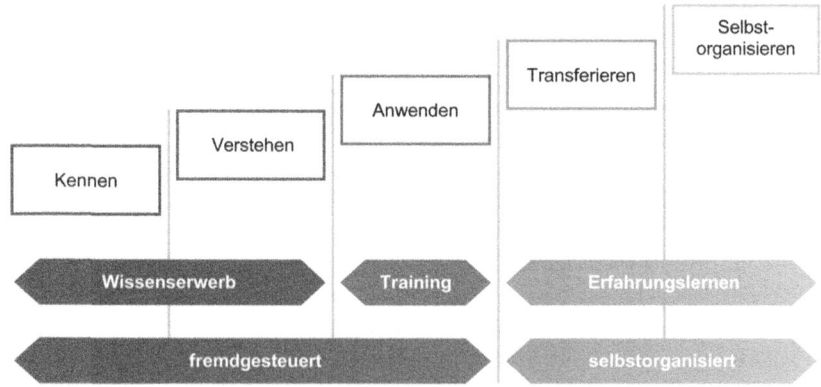

Abb. 5.1 Die 5 Stufen der Lernzieltaxonomie in Anlehnung an Benjamin Bloom (1978)

Wenn wir uns das Schaubild anschauen, kommen dann i. d. R. Übungen aus der Stufe „Anwenden" (Training) in Betracht, da in dieser Stufe das Verhalten von Bewerber*innen sehr gut beobachtet werden kann. Wissensabfragen spielen beim kompetenzorientierten Auswahlverfahren eher eine untergeordnete Rolle (hierauf gehen wir noch detaillierter ein). Grundsätzlich eignen sich diejenigen Übungen, die…

- auf die Phase des „Anwendens" einzahlen,
- das Beobachten gut ermöglichen,
- geeignet sind, den*die Bewerber*in kennenzulernen,
- zeitlich in den Rahmen des Assessment Centers passen,
- den Kostenrahmen nicht sprengen sowie
- die Beobachtenden nicht überfordern.

Wir geben Ihnen im Folgenden einen Einblick auf Übungen, die im Rahmen von Auswahlverfahren eingesetzt werden.

5.4.4.1   Klassische Assessment-Übungen
Zu den klassischen Assessment-Übungen gehören u. a.:

- Vorstellung
- Selbstpräsentationen
- Gruppendiskussionen
- Postkorbübungen
- Fallstudien
- Interview
- Rollenspiele
- Tests
- etc.

Vorstellung und Selbstpräsentation
Um einen persönlichen Eindruck von Bewerber*innen zu erhalten, bietet es sich an, diese zu beobachten, wenn sie sich vorstellen oder sich selbst präsentieren. Beachten Sie hierbei, dass die Vorstellung und die Selbstpräsentation nur einige spezifische Kompetenzen aufzeigen. Vor allem bei Personen, die in der Öffentlichkeit stehen, Vorträge halten müssen oder beispielsweise im Vertrieb tätig

sind, kommt diesen Übungen größere Bedeutung zu. Bei anderen Berufen stehen vielleicht andere Kompetenzen im Vordergrund. Vorstellungen und Selbstpräsentationen eignen sich besonders gut zur Beurteilung von Grundkompetenzen wie die kommunikative Kompetenz, Kontaktfreude/Begeisterungskraft, Überzeugungskraft und Selbstvertrauen.

Wir wissen aus der Praxis heraus, dass sich viele Menschen öffentlich nicht gut verkaufen können, aber fachlich sehr gut sind. Umgekehrt gibt es auch eine Reihe von Menschen, die sich zwar gut in der Öffentlichkeit präsentieren können, jedoch fachlich eher „heiße Luft" produzieren. Trotzdem passiert es immer wieder, dass diese sich gegenüber Mitbewerber*innen häufig durchsetzen. Daher sollten die Beobachtenden differenzieren, ob es sich um reine Nervosität oder um mangelnde Kompetenz bei den Bewerber*innen handelt.

Gruppendiskussionen

Bei Gruppendiskussionen kommt der Rolle, die ein*e Bewerber*in später im Unternehmen einnehmen soll, eine große Bedeutung zu: Eine angehende Führungskraft sollte in einem AC idealerweise die Gruppendiskussion leiten, während ein*e potentielle*r Mitarbeitende*r in die Rolle eines Teammitglieds geht.

Beachten Sie weiterhin, dass es in Gruppendiskussionen häufig zu unerwünschten Dynamiken kommen kann, wenn alle miteinander im Wettbewerb sind. Auch kann hier das Phänomen auftreten, dass bestimmte Personen sich immer wieder in den Vordergrund spielen.

Nur wenn solche Dynamiken explizit erwünscht sind, halten wir Gruppendiskussionen für sinnvoll. Unabhängig davon empfehlen wir, Gruppendiskussionen zumindest teilweise mit ausgebildeten Schauspieler*innen bzw. sehr erfahrene Personalentwickler*innen zu besetzen, um die Gruppendynamik in eine gewünschte Richtung zu lenken. Wir denken hierbei z. B. an herbeizuführenden Konfliktsituationen, die von den Bewerber*innen gelöst werden sollen.

Fallstudien

Bei Fallstudien werden Problemsituationen simuliert. Bewerber*innen erhalten die Aufgabe, einen vorgegebenen Sachverhalt zu analysieren und zur bestmöglichen Lösung zu führen. Hierbei kommt es nicht auf eine einhundertprozentige Lösung an, sondern vielmehr auf analytische Kompetenzen, die Auffassungsgabe der Bewerber*innen und deren Kompetenz, sich in komplexe Aufgabenstellungen hineinzuarbeiten.

Die Vorbereitung ist in der Regel aufwendig, vor allem, wenn realistische betriebliche Situationen simuliert werden, mit denen mögliche Bewerber*innen in

Zukunft konfrontiert werden könnten. Auf der anderen Seite können Fallstudien so entwickelt werden, dass diese direkt auf die zu messenden Kompetenzen einzahlen.

Postkorbübungen
Postkorbübungen werden sehr häufig in Assessments angewandt. Diese sollten dann eingesetzt werden, wenn es um die Messung von Kompetenzen wie Selbst- und Zeitmanagement und Arbeitsorganisation geht. Bei Postkorbübungen werden Bewerber*innen fiktive Schriftstücke und Vorgänge in einem Postkorb zur Verfügung gestellt, die in einem begrenztem Zeitrahmen abzuarbeiten sind. Mittlerweile werden die Postkorbübungen auch PC-gestützt angeboten. Allgemeine und vorgefertigte Postkorbübungen eignen sich nur bedingt, wenn ein vorgefertigter Weg als Musterlösung propagiert wird und keine kreativen Lösungen zulässt. Um validere Ergebnisse zu erzielen, sollte ein Interview im Anschluss der Postkorbübung erfolgen, um kreative Lösungen von den Bewerber*innen zu erfragen.

▶   Wir empfehlen daher auf allgemeine und vorgefertigte Postkorb-
     übungen zu verzichten, sondern diese konkret für eine Stelle zu
     entwickeln.

Interview
Bei Interviews werden Fragen zu unterschiedlichen Themenfeldern gestellt. Zu den klassischen Themenfeldern gehören u. a.:

• Persönlicher Werdegang
• Berufliche Stationen und Entwicklung
• Persönliche Stärken- und Schwächenanalyse
• Selbstbild
• Eigenmotivation bezogen auf die zu besetzende Stelle
• Zukunftspläne in der Organisation

Die meisten Bewerber*innen bereiten sich im Vorfeld auf diese klassischen Fragen intensiv vor. Wenn dem so ist, stellt sich die Frage, inwieweit solche Interviews, die auch in den klassischen Einstellungsgesprächen gestellt werden, tatsächlich noch aussagekräftig sind. Wenn es nur darum geht, die Antworten zu geben, die von den Beobachtenden gehört werden möchten, erhalten wir keine validen Aussagen über benötigte Kompetenzen.

Hier ist es sinnvoller, Fragen zu Themen zu stellen, auf die sich Bewerber*innen vielleicht nicht vorbereiten können und daher gezwungen sind, spontan zu antworten. Schildern Sie beispielsweise eine kurze Fallsituation, bei der der*die

Bewerber*in eine Entscheidung treffen oder kurz erläutern muss, wie mit dieser fiktiven Situation umgegangen werden kann.

Rollenspiele

Zu den klassischen Assessment-Übungen gehören Rollenspiele. Rollenspiele können zu fast allen Verhaltensthemen eingesetzt werden. Das kann beispielsweise ein Mitarbeitendengespräch sein, ein Verkaufsgespräch, oder ein Konfliktgespräch, je nachdem, welche typische Situation im Berufsalltag simuliert werden soll.

Mithilfe von Rollenspielen kann eine Reihe von Grundkompetenzen erfasst werden, wie beispielsweise die kommunikative Kompetenz, Kontaktfreude/Begeisterungskraft, Konfliktkompetenz, Überzeugungskraft/ Durchsetzungsvermögen, Teamkompetenz, aber auch Kompetenzen wie analytisches Denken oder Selbstvertrauen/Entschlusskraft.

Bei Rollenspielen sollte unbedingt darauf geachtet werden, dass diese für Bewerber*innen nicht unmittelbar vorhersehbar sind. Nicht umsonst werden eine Reihe von Vorbereitungsseminaren für klassische Assessment Center angeboten. Um nicht einstudiertes Verhalten von Bewerber*innen zu beobachten, empfehlen wir, überraschende Ereignisse oder Wendungen in Rollenspiele einzubauen, wie z. B. von außen kommende Störungen oder untypisches Verhalten der Rollenspiel-Partner*innen.

Test

Es gibt eine Reihe von Testverfahren, die in Assessment Centern angewandt werden. Zu den klassischen Tests gehören u. a. Wissenstests zu bestimmten Themenfeldern. Darüber hinaus werden u. a. Persönlichkeitstests, Leistungstests, Intelligenztests als valide Testverfahren verkauft. Der Markt ist riesig. Doch wie sieht es denn wirklich mit der Validität aus? Eine kritische Stimme, die das Dilemma zusammenfasst, kommt von Jens Bergmann: *„Wir wissen nicht, was es ist. Aber wir können es messen"* (Bergmann, 2016). Er beschreibt in dem Artikel, dass beispielsweise „Intelligenz" ein unscharfer Begriff ist, man aber häufig versucht, daraus eine exakte Messgröße zu machen. Wir möchten uns an dieser Diskussion nicht beteiligen, sollten uns jedoch stets die folgende Frage stellen: Bin ich in der Lage, mithilfe der genannten Testverfahren „Kompetenzen" zu messen? Wir haben bisher kein valides Testverfahren gefunden, welches direkt auf die zu messenden Kompetenzen einzahlt. Daher sollten Tests für ein kompetenzorientiertes Assessment-Verfahren eher eine untergeordnete Rolle spielen.

Ein Teil der bisher vorgestellten AC-Übungen sind als Fertigmodule für Unternehmen erwerbbar. Wenn diese vorgefertigten AC-Übungen 1:1 zum Einsatz kommen und nicht angepasst werden, besteht die Gefahr, dass diese nicht auf die benötigten Kompetenzen einzahlen. Es gibt außerdem eine Reihe von Seminaren für Bewerber*innen, die sich auf solche Auswahlverfahren spezialisieren. Der Schwerpunkt mancher dieser Vorbereitungsseminare liegt auf dem „sich gut verkaufen" und weniger darauf, bestehende Kompetenzdefizite zu schulen. Solange Auswahlverfahren vorhersehbar sind und es nur darum geht, sich in den Übungen gut zu verkaufen, wird das eigentliche Ziel eines Auswahlverfahrens verfehlt.

5.4.4.2 Der Einsatz von Planspielen als AC-Übungsmethode

Eine andere Möglichkeit, Teilnehmende natürlich und unverstellt zu erleben, ist die Beobachtung von deren Verhalten im Spiel. Im Spiel zeigen wir alle früher oder später unser wahres Gesicht, weil wir gewinnen möchten, mit den Herausforderungen des Spiels kämpfen und nicht ständig darüber nachdenken können, wie wir auf andere wirken und was diese von uns erwarten könnten.

Im Training wird bereits heute mit berufsbezogenen Planspielen spielerisch gelernt – weil Lernen Spaß machen darf und erlebbar sein soll. Diese Planspiele funktionieren auch als Basis für ein Assessment Center. Die Themen der Planspiele sind dabei vielfältig und können sogar für ein 2-in-1 von Training und Diagnostik genutzt werden, digital oder in Präsenz.

Beispielsweise gibt es Planspiele, bei denen nach einer ersten Planungsphase Entscheidungen getroffen werden müssen, die den Verlauf eines Planspiels in die eine oder andere Richtung beeinflussen. Werden für die Bewerber*innen noch unvorhersehbare Ereignisse in das Planspiel mit eingebaut, müssen vielfältige Kompetenzen abgerufen werden, um das Planspiel erfolgreich zu absolvieren (vgl. Abb. 5.2).

Die großen Vorteile einer Entscheidung für Planspiele liegen darin, dass einerseits Planspiele im Rahmen der Lernzieltaxonomie-Stufe „Anwendung" zum Tragen kommen, andererseits eine Vielzahl von Kompetenzen sichtbar gemacht werden können.

In dem von uns entwickelten Führungsplanspiel beispielsweise sind folgende Kompetenzen bei den Teilnehmenden beobachtbar:

- kommunikative Kompetenzen (beim Agieren in Rollen/in Rollenspielen)
- Überzeugungskraft (im Umgang mit anderen Teilnehmenden)
- Selbstmanagement (durch strukturiertes Vorgehen)
- Strategisches/unternehmerisches Denken (beim Treffen strategischer Entscheidungen)

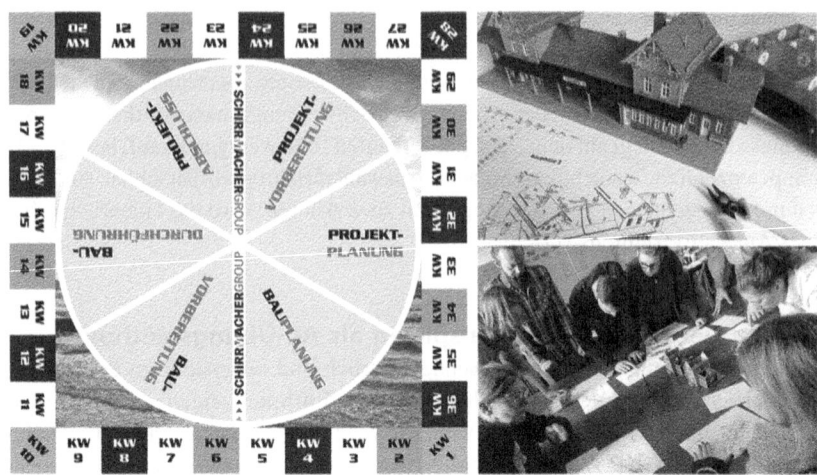

Abb. 5.2 Einsatz von Planspielen als Assessment-Übung am Beispiel „Projektmanagement im Alltag" der Schirrmacher GmbH, Schirrmacher GmbH

- Teamkompetenz (beim Abstimmen mit Teamkolleg*innen über Entscheidungen)
- Selbstvertrauen/Belastbarkeit (beim Treffen von Entscheidungen unter Zeitdruck)

Wenn das Planspiel mit einer guten Storyline an die Wirklichkeit des Unternehmens bzw. der Organisation angepasst wird, vergessen Bewerber*innen sehr schnell, dass sie sich im Auswahlverfahren befinden. Somit besteht eine gute Chance, dass diese ihre vorhandenen Kompetenzen zeigen.

▶ **Unser Praxistipp**
   Je nach Auswahl der zu messenden Kompetenzen mit den ausgewählten Inhalten, entwickeln Sie die AC-Übungen auf der Stufe „Anwenden". Entscheidend hierbei ist, dass das Verhalten von Bewerber*innen gut beobachtbar und einschätzbar ist. Achten Sie hierbei besonders darauf, dass die Übungen praxisnah gestaltet werden und sich an der realen Lebenswelt der Bewerber*innen orientieren. Zusätzlich ist es wichtig, dass die Übungen für die Bewerber*innen nicht

vorhersehbar sind, um nicht ein antrainiertes Wissen einfach abzuspulen. Trauen Sie sich, Übungen mit einzubauen, die sich während des AC's entwickeln. Denken Sie beispielsweise an Übungen, bei denen sich die Bewerber*innen entscheiden müssen. Je nach Entscheidung werden die Übungen entsprechend fortgeführt.

Diese Art der Vorgehensweise bedarf allerdings eine gute Auswahl und ein gutes Training der AC-Beurteilenden. Hierauf gehen wir im nächsten Kapitel näher ein.

5.4.5   Auswahl und Schulung der AC-Beobachtenden

Der Auswahl und Schulung von AC-Beurteilenden kommt eine sehr hohe Bedeutung zu.

5.4.5.1   Auswahl

Wer kommt als Beobachter*in für ein AC-Auswahlverfahren infrage? Wir werden uns dieser Frage über die verschiedenen Grundanforderungen annähern.

1. Grundsätzlich sollte ein AC-Experte bzw. eine AC-Expertin beim AC-Auswahlverfahren mit involviert sein und das Training der AC-Beobachtenden leiten. Wir sprechen dann von einem Experten bzw. einer Expertin, wenn der- oder diejenige neben jahrelanger Berufserfahrung eine einschlägige Ausbildung oder ein Studium für Pädagogik oder Verhaltenspsychologie bzw. entsprechende Weiterbildungen absolviert hat. Hierbei spielt der wertschätzende Umgang mit Menschen eine herausragende Rolle. Diese Wertschätzung zeigt sich vor allem beim Feedback geben.
2. Weiterhin sollten bestehende Führungskräfte mit in der Beobachtenden-Rolle involviert sein. Schließlich sind sie es, die ggf. in Zukunft mit den neuen Mitarbeitenden arbeiten werden. Der Faktor „Sympathie" ist bei der Auswahl von Mitarbeitenden nicht zu unterschätzen.
3. In der Regel sollten auch die HR-Bereiche (Personalabteilung und Personalentwicklung) qualifizierte Beobachtende stellen.

Alle Beobachtenden sollten einschlägige Erfahrungen beim AC-Auswahlverfahren mitbringen und ein gemeinsames Verständnis für das anstehende Assessment entwickeln. In diesem Zusammenhang sollten die Beobachtenden gut vorbereitet und geschult werden.

5.4.5.2 Schulung

Bei Schulungen für AC-Beobachtende geht es um mehrere Ziele:

* vertraut machen mit den eingesetzten Übungen
* die Rolle der Beobachtenden klären
* bilden eines gemeinsamen Kompetenzverständnisses
* vermeiden von Wahrnehmungsfehlern
* Aufbau einer Beobachtungsarchitektur

Vertraut machen mit den eingesetzten Übungen

Im ersten Schritt geht es darum, dass sich die Beobachtenden mit den eingesetzten Übungen vertraut machen. Je nach Art der Übung kann es sinnvoll sein, dass die einzelnen AC-Übungen in verkürzter Form durchgeführt und nicht nur theoretisch vorgestellt werden. Hierbei schauen sich alle gemeinsam den Prozessverlauf einer Übung an, um ein Gefühl zu entwickeln, wann welche Kompetenzen sichtbar werden.

Die Rolle der Beobachtenden klären

Je nach Setting, gibt es unterschiedliche Rollen für Beobachtende:

* die passive Rolle
* die aktive Rolle (z. B. Fragen stellen)
* die aktive Rolle als Teil der Übungen (z. B. in Rollenspiel involviert)

Diese Rollenbeschreibung sollte im Vorfeld geklärt werden, damit die Beobachtenden sich auf ihre Rollen vorbereiten und sich entsprechend aus ihren Rollen heraus verhalten können. Das Verhalten von Beobachtenden kann einen sehr großen Einfluss auf eine Übung haben. Machen wir es an einem Beispiel fest:

Beispiel

Wenn im Vorfeld einer Präsentation festgelegt wurde, dass Fragen erst am Ende gestellt werden sollen, darf es nicht passieren, dass bei einzelnen Probanden Fragen während der Präsentation gestellt werden. Dies verfälscht das Messergebnis im Rahmen der Vergleichbarkeit.◄

Bilden eines gemeinsamen Kompetenzverständnisses

Beim Bilden eines gemeinsamen Kompetenzverständnisses kommt es darauf an, dass ein Maßstab gefunden wird, der für alle Beobachtenden gleichermaßen gilt.

Im Vorfeld ist zu klären,

- welche Kompetenzen in welcher Übung beobachtet werden sollen,
- was unter den einzelnen Kompetenzen zu verstehen ist,
- welches Verhalten auf welche Kompetenzen einzahlt.

Es ist sinnvoll, sämtliche Kompetenzen zu besprechen, die in den einzelnen Übungen gemessen werden sollen. Dieses gemeinsame Kompetenzverständnis ist die Basis für die Bewertung einer Kompetenz. Dies spielt vor allem eine Rolle, wenn es um das Vermeiden von Wahrnehmungsfehlern geht.

Vermeiden von Wahrnehmungsfehlern
Da wir alle die Welt nur subjektiv wahrnehmen und wir nur Ausschnitte dieser Realität erleben, kommt diesem Punkt eine besondere Bedeutung zu. Jede*r einzelne von uns hat eigene Vorstellungen, Vorurteile und Ansichten, die uns bei einer Beobachtung zu möglichen Fehlurteilen kommen lassen. Daher ist es wichtig, dass wir uns darüber bewusst sind. Außerdem gibt es bei Beurteilungen häufig eine Tendenz zur Mitte, sowohl bei sehr guten als auch bei sehr schlechten Probanden. Diese möglichen auftretenden Wahrnehmungsfehler sollten im Vorfeld besprochen werden und mit in die späteren Auswertungen einbezogen werden.

Hierbei spielen auch Sympathie und Antipathie eine nicht zu unterschätzende Rolle. Menschen, die uns sympathisch sind, nehmen wir viel unkritischer wahr als diejenigen, die auf uns eher unsympathisch wirken. Wenn jemand in eine Schublade gesteckt wurde, ist es enorm schwer, dort wieder herauszukommen.

▶ Es ist überaus wichtig, jede eigene Wahrnehmung auf Wahrnehmungsfehler zu hinterfragen. Daher sollten die Beobachtenden mit anderen abstimmen, ob die gemachten Beobachtungen nur Einzelwahrnehmungen sind oder auch von anderen gemacht wurden.

Aufbau einer Beobachtungsarchitektur
Beim Aufbau einer Beobachtungsarchitektur geht es darum festzulegen, wer, wann, mit wem, welche Kompetenzen beobachten soll. Hierzu ist es notwendig, geeignete Beobachtungsbögen zu entwickeln, welche die benötigten Kompetenzen abbilden können. In den vorherigen Kapiteln haben wir Ihnen bereits einige Beispiele gezeigt.

5.5   Der digitale Weg zum Assessment

Wie so vieles, lassen sich heute auch Assessment Center digitalisieren. Methodisch ist das umsetzbar und bietet sogar Vorteile – nicht nur durch reduzierten Aufwand im Vergleich zu Präsenz-Veranstaltungen, sondern auch bezüglich der Anforderungen. Inzwischen gehört nämlich auch die digitale Kompetenz zu den im Berufsalltag erforderlichen Kompetenzen.

Es ist daher konsequent, gleich in diesem Medium zu beurteilen. Allerdings lässt sich einwenden, dass die zwischenmenschlichen Aspekte digital weniger zum Tragen kommen als beim Präsenz-Assessment. Im persönlichen Umgang, etwa bei der Begrüßung oder beim Smalltalk in den Pausen, erlebt man Menschen doch nochmal auf einer anderen Ebene. Es gibt Pro und Kontra für beide Methoden, allerdings hat man nicht immer die Wahl. Deshalb ist es gut, dass verschiedene Wege möglich sind.

5.6   Worauf es im Assessment wirklich ankommt – Exkurs von Simone Hartung

Im Assessment Center geht es darum, einen möglichst echten, unverfälschten, authentischen Eindruck von den Teilnehmenden zu erhalten. Nur dann kommt der Sinn des Assessments voll zum Tragen. Störfaktoren, die die Diagnostik erschweren, sind beispielsweise zu großer Stress bei den Teilnehmenden oder deren Versuch, sich allzu gut vorzubereiten.

Ich erinnere mich an einen Bewerber, der bei seiner Selbstpräsentation und im Interview ständig rhetorische Fragen an sich selbst stellte, die er dann gleich beantwortete *(„Sie möchten doch bestimmt wissen … ", „Sicher fragen Sie sich … ")*. Die Antworten waren schon fertig vorbereitet und mit Beispielen hinterlegt: *„Ich habe vom Einzelsport zum Teamsport gewechselt und meine Teamorientierung durch den Mannschaftssport gelernt"*.

Mögliche Einwände formulierte er gleich selbst und räumte sie proaktiv aus *(„Nein, ich bin nicht zu jung")*. Bei seiner Präsentation kommentierte er sich selbst *(„Sie haben sicher bemerkt, dass meine Euphorie weiter gestiegen ist")* – eine perfekt geplante Dramaturgie! Man könnte sich als Beurteilende*r entspannt zurücklehnen und diese bereits auf dem Silbertablett präsentierte Selbstanalyse einfach übernehmen. Damit würde man es sich aber zu leicht machen und es wäre wenig hilfreich, um diesen Menschen wirklich einzuschätzen.

Tatsächlich hat dieser Bewerber aber durch seine Vorgehensweise schon viel über sich selbst offenbart. Seine Haltung wirkte forciert, seine häufig von ihm thematisierte Stärke „Leidenschaft" hat man bei der Präsentation nicht wirklich gespürt (eher den Ehrgeiz). Seine Aussagen wirkten eher plakativ und vorbereitet als spontan oder authentisch spürbar. Seine eigenen hohen Erwartungen setzten ihn sichtlich unter Druck.

Ein Fall von zu ausgeprägtem Ehrgeiz, der dazu führen kann, dass sich jemand zu sehr auf Ziele fokussiert und auf Vorbereitung verlässt. Durch mehr Gelassenheit, Lockerheit und Authentizität könnte er möglicherweise seine Stärken noch erfolgreicher entfalten – im Berufsalltag genauso wie im Assessment Center.

Wie aber erreicht man es im Assessment Center, Teilnehmende authentisch zu erleben?

Wirklich wichtig ist eine angenehme und lockere Atmosphäre, die Wohlwollen vermittelt und den Stress reduziert. Es ist die Aufgabe der Beobachtenden, von Anfang an dafür zu sorgen, dass sich die Teilnehmenden wohlfühlen. Dazu gehört eine gastfreundliche, wertschätzende Haltung, und es darf und soll auch mal gelacht werden. Humor bricht die Anspannung oft auf und ist diagnostisch tatsächlich hilfreich. Beim gemeinsamen Scherzen kommt man der Wahrheit oft näher, gerade wenn es um Schwächen oder persönliche Eigenheiten geht.

Im Interview kann es außerdem hilfreich sein, wenn man in der Gesprächsführung nicht nur dem strukturierten Leitfaden folgt, sondern mit diagnostischem Gespür auch mal situativ nachfasst oder spontane Überraschungsfragen stellt.

Literatur

Bergmann, J. (2016). *Wir wissen nicht, was es ist. Aber wir können es messen. brand eins 2016/04*. Brand eins.

Zum Abschluss ein Rückblick mit Ausblick

Aufgrund unserer gesellschaftlichen und wirtschaftlichen Entwicklung gewinnen Kompetenzen und die damit einhergehende Kompetenzentwicklung zunehmend an Bedeutung. Der Fachkräftemangel und die Digitalisierung beschleunigen diese Entwicklung in rasanter Geschwindigkeit. Die Forderungen nach einer zielgerichteten Abstimmung des Arbeitsmarktes mit der beruflichen Bildung werden immer lauter. Gleichzeitig stehen wir vor der Herausforderung, die Komplexität von bestehenden Kompetenzmodellen zu reduzieren. Leider wird mittlerweile alles, was an menschlichen Eigenschaften vorhanden ist, als Kompetenz bezeichnet. Und die Personalentwicklungsabteilungen stehen vor immensen Aufgaben, um diesen Herausforderungen professionell zu begegnen.

In diesem Buch haben wir Ihnen einen Einblick von der klassischen Personalentwicklung hin zur kompetenzorientierten Personalentwicklung vermittelt. Wir hoffen, dass unsere Ausführungen Ihnen helfen werden, Ihre bestehende Personalentwicklung auf ihre „Kompetenzorientierung" zu überprüfen und ggf. anzupassen. Für uns war es besonders wichtig, an vielen Stellen des Buches den konkreten Praxisbezug herzustellen, der Ihnen helfen soll, die Inhalte des Buches für sich konkret zu nutzen. Dabei haben wir Ihnen Instrumente, Tipps, Ideen und einen neunstufigen Leitfaden für Ihre Vorgehensweise bei der kompetenzorientierten Trainingsentwicklung entlang der Lernzieltaxonomie an die Hand gegeben.

Aufgrund vieler Gemeinsamkeiten zwischen kompetenzorientierter Personalentwicklung und kompetenzorientiertem Assessment-Center haben wir diesem Thema ein eigenes Kapitel gewidmet.

U. Schirrmacher, *Kompetenzorientierte Personalentwicklung*, https://doi.org/10.1007/978-3-658-41487-0

171

▶ Als Autor dieses Buches wünsche ich Ihnen, den Leser*innen, viel Erfolg bei der Umsetzung Ihrer kompetenzorientierten Personalentwicklung. Wenn Sie mögen, können Sie auf unserer Website www.schirrmachergroup.de vorbeischauen. Dort finden Sie weitere Anregungen zu Lernbausteinen und Planspielen. Falls Sie weitere Informationen zu einer digital basierten Kompetenzeinschätzungs-Software wünschen, finden Sie weitere Hinweise auf der Website www.novaskill.de. Über Ihre Erfahrungen zu Praxisbeispielen aus Ihrem oder anderen Unternehmen freuen wir uns.

Glossar

A *Assessment Center* ist ein Beurteilungsverfahren zur Einschätzung von Kompetenzen und persönlichen Fähigkeiten, das aus einem Kreis von Personen denjenigen*diejenige herausfiltern soll, welche*r am besten zu der zu besetzenden Stelle passt.

B *Barcamp* ist eine Tagung mit offenen Workshops, deren Inhalte und Ablauf von den Teilnehmenden zu Beginn eigenständig entwickelt und im weiteren Verlauf strukturiert durchgeführt werden.

Blended Learning bezeichnet eine integrierte Lernform von Präsenzveranstaltungen und E-Learning, bei der die Vorteile der jeweiligen Lernform genutzt und die Nachteile der jeweils anderen Lernform kompensiert werden.

C *Content Management System* bezeichnet eine Software zur gemeinschaftlichen Erstellung, Bearbeitung, Organisation und Darstellung digitaler Inhalte zumeist zur Verwendung in Webseiten, aber auch in anderen Medienformen. Diese Inhalte können aus Text- und Multimedia-Dokumenten bestehen.

Computer Based Training (CBT) sind inhaltlich in sich geschlossene, medial aufbereitete, computerunterstützte Lernprogramme, die den Lernenden über einen Datenträger, wie beispielsweise eine DVD, zur Verfügung gestellt werden.

E *Employer Branding* ist eine unternehmensstrategische Marketingmaßnahme, bei der Marketingkonzepte für das eigene Personalmarketing genutzt werden, um sich als attraktiver Arbeitgeber darzustellen und sich von anderen Unternehmen am Arbeitsmarkt positiv abzuheben.

F *Fachkompetenzen* sind Kompetenzen, die erforderlich sind, um fachliche Aufgaben und Sachverhalte selbstständig und erfolgreich eigenverantwortlich zu bewältigen und dabei kreativ und selbstorganisiert zu handeln. Sie beziehen sich spezifisch auf fachliche Tätigkeiten und Funktionen und unterliegen einem raschen Wandel und ständigen Anpassungen.

Fähigkeit ist die Voraussetzung für eine Fertigkeit. Wir sprechen dann von einer Fähigkeit, wenn ein Mensch in der Lage ist, eine Handlung auszuführen oder etwas zu tun.

Feinlernziel stellt die Konkretisierung des Groblernziels mit der genauen Verhaltensbeschreibung ohne einem Interpretationsspielraum der Zielerreichung dar.

Fertigkeit bezeichnet die durch Übung realisierte Umsetzung einer Fähigkeit. Fertigkeit meint also etwas Erlerntes bzw. die Anwendung von Kenntnissen in einer bestimmten Situation.

Fischgrätendiagramm wird auch als Ursache-Wirkungs-Diagramm bezeichnet, bei dem mithilfe der grafischen Darstellung Problemursachen identifiziert und ihre Abhängigkeiten sichtbar gemacht werden sollen.

Funktionsspezifische Kompetenzen sind Kompetenzen, die erforderlich sind, um funktionsübergreifende Aufgaben und Sachverhalte selbständig und erfolgreich eigenverantwortlich zu bewältigen und dabei kreativ und selbstorganisiert zu handeln.

G *Gesamtkompetenzbedarf* bezeichnet die Gesamtheit aller in einem Unternehmen oder einer Organisation benötigten Kompetenzen, um erfolgreich am Markt zu agieren. Der Gesamtkompetenzbedarf wird weiter unterschieden in einen operativen (kurzfristigen) und einen strategischen (langfristigen) Gesamtkompetenzbedarf.

Groblernziel ist die Lernzielbestimmung bezogen auf die konkrete Teilkompetenz. Die Groblernzielformulierung ist dabei wichtig, um die allgemein beschriebenen Operationalisierungen in konkrete, auf die Zielgruppe bezogene Handlungen zu übersetzen.

Grundkompetenzen sind Kompetenzen, die berufs- und fachunabhängig von jeder und jedem Einzelnen erforderlich sind, um in grundlegenden Situationen kreativ und selbstorganisiert zu handeln.

I *Individueller Weiterbildungsbedarf* ist die Differenz von benötigten Kompetenzen zu individuell vorhandenen Kompetenzen.

K *Kanban* ist eine Methode der Produktionsprozesssteuerung und orientiert sich ausschließlich am tatsächlichen Verbrauch von Materialien am Bereitstell- bzw. am Verbrauchort.

K.I. (Künstliche Intelligenz) befasst sich mit der Automatisierung intelligenter Verhaltensprozesse und dem maschinellen Lernen (Selbstlernen), indem bestimmte menschliche Entscheidungsstrukturen des Menschen nachgebildet werden.

Kommunikationsquadrat ist ein von Prof. Friedemann Schulz von Thun entwickeltes Kommunikationsmodell, mit dem eine Äußerung unter vier Aspekten beschrieben wird: Sachinhalt, Selbstkundgabe, Beziehung und Appell.

Kompetenz bezeichnet die Fähigkeit, in komplexen und dynamischen Situationen auf Basis von Erfahrungen, Wissen, Ratio und Intuition kreativ und selbstorganisiert zu handeln.

Kompetenzorientiertes Lernen beschreibt den personalisierten Kompetenzentwicklungsprozess, den die Lernenden entlang der Lernzieltaxonomie mit dem Ziel des Kompetenzaufbaus beschreiten.

L *Learning Journey* wird auch als Lernpfad bezeichnet (siehe Lernpfad).

Lernbaukasten bezeichnet eine strukturierte Sammlung von Lernbausteinen, die den eigenen Mitarbeitenden als Lernangebote bereitgestellt werden.

Lernbaustein ist die Kombination eines Lerninhalts mit einer Lehrmethode und einem Lernmedium.

Lerninhalt ist die kleinste zu vermittelnde Lerneinheit. In der Literatur wird dafür auch häufig der Begriff „Lernnugget" verwendet.

Lernpfad ist die individuelle Auswahl von Lernbausteinen aus einem Lernbaukasten, welche entlang der Stufen der Lernzieltaxonomie durchlaufen wird (Lernen als Prozess). Die persönlichen Lernpfade für einzelne Mitarbeitende ergeben sich aus deren Ergebnissen aus der Bedarfsanalyse (Selbst- und Fremdeinschätzung), der Lernpräferenzeinschätzung und aus der Analyse der Rahmenbedingungen.

Lernmedien sind i. d. R. Kommunikationsmittel, die zur Vermittlung von Lerninhalten verwendet werden.

Lehrmethoden sind Verfahren des Lehrens, die im Rahmen der Anleitung und Unterweisung Anwendung finden.

Lernprozessbegleitung ist die Begleitung, die Unterstützung und das Reflektieren des individuellen Lernens und des Lernfortschritts.

Lernplattformen dienen zur Bereitstellung von digitalen Lernmaterialien, Lerntests und der Organisation von Lernvorgängen.

Lernpräferenz gibt Auskunft darüber, wie jemand am liebsten lernen möchte.

Lernumgebung bezeichnet die äußeren Bedingungen des Lernens. Hierbei geht es nicht nur um den Lernort, sondern auch um Lernmaterialien, Lernaufgaben, sowie deren Gestaltung usw.

Lernziel beschreibt das angestrebte Lernergebnis bezogen auf einen Lerninhalt.

Lernzielkontrolle ist die Ermittlung des tatsächlichen Lernerfolgs von Lernenden, sodass dieser messbar, nachvollziehbar und überprüfbar ist.

Lernzieltaxonomie beschreibt die unterschiedlichen Niveaustufen von Lernergebnissen, die Lernende während des Lernprozesses erreichen können. Eine der am häufigsten verwendeten Taxonomien der Lernziele ist jene von Benjamin Bloom (1956).

M *Massive Open Online Course (MOOC)* bezeichnet überwiegend in der Hochschul- und Erwachsenenbildung verwendete Onlinekurse ohne Zugangsbeschränkungen.

Mystery Shopping wird auch als Testkauf bezeichnet. Im Rahmen des Mystery Shoppings treten eigens geschulte Testkund*innen als „echte" Kund*innen auf, um die Dienstleistungsqualität (z. B. eines Unternehmens) zu erheben.

N *Neugier-Wecker* dient dazu die Aufmerksamkeit für den Lerninhalt zu erhöhen. Dies erfolgt beispielsweise über eine gut gemachte Story, ein Film, oder eine Demonstration usw.

P *Persönlichkeitseigenschaften* werden auch als Persönlichkeitsmerkmale bezeichnet. Sie entstehen durch Prägung und Veranlagung eines Individuums und sind kaum veränderbar. Sie können weder erlernt noch trainiert werden.

Q *Qualifikationen* sind durch formale Abschlüsse nachweisbare Kenntnisse und Fertigkeiten.

R *Richtlernziel* beschreibt die Kompetenz, die verbessert werden soll, in Bezug auf die Zielgruppe.

S *Selbstgesteuertes Lernen* wird als eine Lernform verstanden, bei der die Lernenden selbstbestimmt ihren Lernprozess selbst steuern und gestalten.

Social Workplace Learning beruht auf der Annahme, dass eine zielorientierte Selbstorganisation der Arbeit und des Lernens innerhalb eines Lernrahmens realisiert wird. Ziel ist hierbei die Realisierung der selbstorganisierten Kompetenzentwicklung.

Scrum ist ein Vorgehensmodell (Framework) des Projekt- und Produktmanagements. Es wird u. a. zur agilen Softwareentwicklung eingesetzt. Scrum zeichnet sich durch schlanke Prozesse sowie eine schrittweise Entwicklung und regelmäßige Feedbackschleifen aus.

T *Teilkompetenzen* sind operationalisierbare Kompetenzen in Form von Verhaltensbeschreibungen.

W *Web Based Collaboration* bezeichnet eine auf Internettechnologie basierte Form der Zusammenarbeit und Kommunikation zwischen mehreren Personen, die zeit- und ortsunabhängig miteinander agieren.

Web Based Training (WBT) ist eine spezielle Form des E-Learnings. Hierbei wird das WBT durch netzbasierte Dienste als die Weiterentwicklung des Computer Based Training (CBT) verstanden.

Working Out Loud ist eine Methode und vor allem auch eine Haltung, bei der die eigene Arbeit für andere sichtbar gemacht und Wissen geteilt wird. Ziele sind der Aufbau von Beziehungen, gemeinsames Lernen, gemeinsame Fähigkeiten entdecken, sowie das Netzwerken über Organisationsgrenzen hinweg.

World Café ist eine Methode, um Teilnehmer*innen ins Gespräch zu bringen und so bestimmte Problem- oder Fragestellungen in Kleingruppen zu erörtern. Die Methode des World Cafés ist flexibel anpassbar, was die Dauer, die Anzahl der Teilnehmenden und die Art der Zusammenarbeit angeht.

The manufacturer's authorised representative in the EU is Springer
Nature Customer Service Centre GmbH, Europaplatz 3, 69115 Heidelberg,
Germany. If you have any concerns regarding our products, please
contact ProductSafety@springernature.com

Printed and bound by CPI Group (UK) Ltd, Croydon, CR0 4YY

28/04/2026

02098499-0001